Jens Mecklenburg &
Johanna Rädecke

# MYTHOS GRÜNKOHL

Jens Mecklenburg & Johanna Rädecke

# Mythos Grünkohl

## Das neue Superfood
## Eine kulinarische Kulturgeschichte

Mit Beiträgen von Gabriele Haefs
und Illustrationen von Till Lenecke

KJM Buchverlag

Jens Mecklenburgs
NORDISCHE
Esskultur

*www.nordische-esskultur.de*



2. Auflage, November 2022

Simrockstr. 9a, 22587 Hamburg
www.kjm-buchverlag.de
ISBN 978-3-96194-149-0

Satz, Gestaltung: Svenja Wiese, Hamburg
Cover und Umschlaggestaltung: Rothfos & Gabler, Hamburg,
unter Verwendung von Illustrationen von Till Lenecke
Lektorat: Annette Krüger, Hamburg
Korrektorat: Rainer Kolbe, Hamburg
Herstellung: Eberhard Delius, Berlin
Druck & Bindung: Belvédère, Oosterbeek, Niederlande
Printed in Europe

**Vorwort** ........ 7

**Kulturgut Grünkohl** ........ 11
Grünkohl in aller Welt: Viehfutter und Superfood 12
Nordeuropa 12 / Südeuropa 17 / Osteuropa 19 / Übersee 20
Grünkohl in Deutschland: Grünkohltraditionen und Hochburgen 22
Blick über den Tellerrand 37

**Grünkohlwissen** ........ 39
Forscher mit Leidenschaft: Grünkohlwissenschaftler Dr. Christoph Hahn 39
Grünkohlgespräch zwischen Jens Mecklenburg und Dr. Hahn 42
Bewahrer der Vielfalt: Saatgutzüchter und Archivar Reinhard Lühring 46
Grünkohlsorten 48

**Grünkohlrezepte** ........ 53
Praktisches Küchenwissen 54
Einkauf 54 / Lagerung 56 / Vorbereitung zum Kochen 56
Traditionelle Grünkohlrezepte 58
Holsteiner Grünkohl 58
Grünkohl nach Oldenburger und Bremer Art 59
Westfälischer Grünkohleintopf 60
Lippischer Braunkohl 61
Mecklenburger Grünkohl mit Lungenwurst 63
Niederländischer Grünkohl mit weißen Bohnen (Stamppot) 64
Niederländischer Grünkohlpudding (Mouspudding) 65
Irischer Grünkohleintopf 66
Moderne Grünkohlrezepte 67
Vorspeisen 67
Spicy Kale-Chips mit veganer Aioli 69
Grünkohlsalat 71
Grünkohl-Snack mit Joghurt 72
Grünkohlsalat mit Feigendressing und marinierten Kirschen 75
Grünkohlsalat mit Holstein Quinoa und Wasserbüffel-Feta 78
Hauptgerichte 79
Grünkohlsalat mit Ingwer, Quinoa und Zanderfilet in der Kürbiskruste 81
Bio-Lachs Café de Paris mit zweierlei Grünkohl 84
Jakobsmuscheln mit Grünkohl 87

Klassischer Grünkohl auf heutige, leichtere Art **89**
Grünkohlburger **90**
Deftiger Grünkohl-Kartoffel-Auflauf **93**
Frittierter Grünkohl **95**
Eingelegte Senfsaat **96**
Gebratener Grünkohl **97**
Grünkohlrouladen mit Wildhackfüllung **99**
Pasta mit Grünkohl, rotem Mangold und Möhren **102**
Entenbraten mit Grünkohl-Füllung **105**
Veganer Grünkohl **110**
Süßkartoffel-Grünkohl-Auflauf **111**
Grünkohl-Falafel mit Rote-Bete-Hummus und Salat **112**
Shepherd's Pie mit Grünkohl **114**
Grünkohl auf äthiopische Art (Gomen Wot) **115**
Toskanische Bauernsuppe mit Grünkohl (Ribollita) **116**
Sonstige Grünkohlrezepte **118**
Kale-Smoothie **119**
Longdrink Grünkohl-Smash **119**
Grünkohl-Muffins **120**
Grünkohl-Pesto **121**
Grünkohl-Apfel-Sorbet mit Minze **122**

**Grünkohlbegleiter: Von Senf, Fleisch, Bier und Schnaps** ............125
Senf **125** / Fleisch **128** / Kleines Fleisch-und-Wurst-ABC **128**
Flüssige Grünkohlbegleiter **135**
Bier **135** / Schnaps **136** / Wein **138** / Saft **140**

Autorinnen und Autor **143**
Danksagung **145**
Grünkohltipps **145**
Gute Produzenten **145** / Gastronomie **151**
Die Köchinnen und Köche im Buch **155**
Quellen und Literatur **157**
Abbildungsverzeichnis **158**

# Vorwort

Grünkohl (*Brassica oleracea* var. *sabellica* L.) ist eine spannende Pflanze mit langer Geschichte und mit viel kulinarischem Potenzial. Früher sicherte der Winterkohl Menschen und Tieren das Überleben. Schon Hildegard von Bingen empfahl ihn als vitalisierendes Gemüse, das die Stimmung verbessert. Heute gilt er mit seinem hohen Gehalt an Biostoffen sogar als »Superfood«.

Grünkohl ist Grundlage deftiger Winteressen und Winterfeste in der nördlichen Hälfte Deutschlands – vom Niederrhein bis hoch zu den Nordfriesischen Inseln. Nordrhein-Westfalen hat die größte Grünkohlanbaufläche Deutschlands. Bis heute streiten sich die Städte Bremen und Oldenburg darum, wer die älteste Grünkohlkultur pflegt. In Mecklenburg gehört Grünkohl fest zur Weihnachtstradition. Und den Grünkohl Holsteiner Art liebt man auch in Hamburg.

Für Norddeutsche mit ihrer langen Grünkohltradition mag es überraschend sein: Der krause Winterkohl ist in der Welt zuhause. In Europa wird sein Ursprung vermutet, und er wird außer in Deutschland vor allem in Großbritannien, den skandinavischen Ländern und den Niederlanden angebaut. Mit nordeuropäischen Auswanderern kam er nach Russland und in die USA, wo der Grünkohlanbau besonders boomt: *Kale* ist Trendprodukt und Marketing-Hit. Und noch heute finden sich auch Grünkohlrezepte in Afrika, wohin ihn einst die Griechen und Römer brachten.

In Norddeutschland ist der krause Kohl eines der wenigen Lebensmittel, das sowohl im Alltag als auch in der Gastronomie und bei Festen eine wichtige Rolle spielt, für die sich Traditionalisten und Zeitgeistige, Ältere und Jüngere, Frauen und Männer, Land- wie Stadtbevölkerung begeistern können. Die Grünkohltradition wird hier vital gelebt. Davon zeugen nicht nur Biikebrennen, Boßeln und Kohlfahrten. Kreative Genusshandwerke-

rinnen und -handwerker stellen sogar Schnaps, Eis und Pralinen aus Grünkohl her!

Die in diesem Buch vorgestellten Köchinnen und Köche – vom Sternekoch bis zur Foodbloggerin – haben das gesamte kulinarische Potenzial des Kohls in Rezepte gefasst: von traditionellen bis zu modernen Gerichten, von Salat über Chips bis Pasta und Eis-Dessert. Wir kochen ihn mit Fisch und Meeresfrüchten, mit Wurst und Fleisch, aber auch vegetarisch und vegan. Die Vielfalt der Zubereitungsmöglichkeiten ist beeindruckend. In zahlreichen Rezepten dieses Buches wird das deutlich.

Es gibt weltweit 130 bis 160 verschiedene Sorten Grünkohl, die sich in Farbe, Form und Geschmack unterscheiden. Wir stellen die wichtigsten vor, sie hören auf so zauberhafte Namen wie Lerchenzunge, Lippische Palme und Winnetou. Natürlich darf da auch nicht Reinhard Lühring fehlen, der die zahlreichen alten Sorten »rettet«, wieder anbaut und das wertvolle Saatgut weitergibt. Wir können aber auch wissenschaftlich und stellen den jungen Biologen Dr. Christoph Hahn vor, der sich der Grünkohlforschung verschrieben und ihr auch seine Doktorarbeit gewidmet hat.

Kurz: *Mythos Grünkohl* beschreibt die reichhaltige wie spannende Geschichte der Pflanze und der Menschen, die sie lieben und schätzen, und liefert die besten Rezepte für jeden Anlass und Geschmack. Aber lesen Sie doch bitte selbst!

Serviervorschlag
SENF

# Kulturgut Grünkohl

## Internationales Superfood und regionale Kohlhochburgen

# Kulturgut Grünkohl

Grünkohl ist erst einmal »nur« eine Pflanze und gleichzeitig ist er doch ein ganzer Kosmos, sogar ein weltumspannender. Grünkohl reicht tief in die Ernährungsgeschichte vieler Völker, da er einfach im Anbau, robust und schmackhaft ist. Auch heute noch wird er in erstaunlich vielen Ländern rund um die Welt angebaut und geschätzt. Wirft man den Blick in die Töpfe, findet man ganz unterschiedliche Grünkohlsorten. Manchmal kraus, manchmal glatt. Blasige Blätter, rote Blätter, hoher Strunk, gar kein Strunk – mit der Zeit haben sich je nach Anbaugebiet unterschiedliche Sorten bewährt.

In fast allen Regionen, sei es in Deutschland oder international, galt Grünkohl lange als Arme-Leute-Gericht. Zuerst kam das Vieh auf den Geschmack, dann die »armen Leute«, später dann auch das Bürgertum. Doch nur in wenigen Regionen wurde der Kohl zu einer echten Spezialität wie in Norddeutschland. Hier ist ein Winter ohne Grünkohl kaum vorstellbar. Die Kohlfahrten zwischen Ems und Elbe ab Januar sind ein gesellschaftliches Ereignis. Der Grünkohlexperte Dr. Martin Westphal – er promovierte über Kohl- und Pinkelfahrten – behauptet gar, sie seien der Karneval des Nordens.

Sich auf die Spuren des Grünkohls zu begeben bedeutet, einer aufregenden Mischung aus botanischer Vielfalt, gelebter Esskultur, Heimatküche und internationalen Trends zu begegnen. Wir haben den milden *Cavolo nero* aus der Toskana kennengelernt, Grünkohl im leckeren Resteessen *Gomen Wot* aus Äthiopien und Eritrea probiert und einen typisch amerikanischen Smoothie getrunken. Gabriele Haefs, studierte Keltologin, Skandinavienexpertin und renommierte Übersetzerin, ist für uns in Nordeuropa auf die Spu-

rensuche gegangen. Auch Osteuropa haben wir in den Blick genommen. Und schließlich sind wir unter Lippischen Palmen gewandelt, haben eine Kohlfahrt in Oldenburg begleitet und durften Grünkohl bei der Bremer Schaffermahlzeit und nach dem Biikebrennen auf Sylt genießen.

## Grünkohl in aller Welt: Viehfutter und Superfood

### Nordeuropa

NORWEGEN

**Norwegen** Das Land müsste eigentlich ein Grünkohlparadies sein, das Klima fordert geradezu auf zum Grünkohlanbau, die Winter sind lang genug für viele köstliche Kohlmahlzeiten, Räucherwurst wird dort viel gegessen, aber Grünkohl? Fehlanzeige.

Das war übrigens lange Zeit anders. Die ersten erhaltenen Kochbücher aus Norwegen, um 1840, erwähnen Grünkohl ganz nebenbei, als sei es ganz selbstverständlich, dass diese Kohlsorte zur normalen Kost gehört. Besondere Grünkohlrezepte finden wir dort nicht. Hanna Winsnes, sozusagen Norwegens Antwort auf Henriette Davidis (beide Damen waren in ihrem Land jeweils die ersten, die ihre Rezepte mit der magischen Formel »man nehme …« beginnen ließen), teilt lapidar mit, man solle ihn nahe der Haustür pflanzen, dann könne man ihn im Winter leichter aus dem Schnee ausgraben.

Im norwegischen Wikipediaeintrag zum Thema finden wir die Information: »Grünkohl eignet sich hervorragend als Viehfutter, zudem kommt er in traditionellen Weihnachtsrezepten vor, als Verzierung und auch als Grünkohlsuppe.« Immerhin, als Suppe. »Er kann auch roh in Salaten gegessen werden.« Ein guter Tipp rundet den Wikipediaeintrag ab: Die Larven des Kohlweißlings mögen den Grünkohl, aber wenn man bis nach dem ersten Frost wartet, kann man die Larven herunterschütteln, zudem schmecken die Blätter im Winter nicht so streng.

Klingt nicht appetitlich, vielleicht sind solche guten Ratschläge ein Grund, warum der Grünkohl in Norwegen so wenig geehrt wird – allerdings ist er in den letzten Jahren als Trendfood zurückgekehrt, aber nicht gekocht und mit Räucherwurst. Die klein gehackten Blätter werden, auch im Sommer, in Öl knusprig gebraten und in Salate gemischt oder als Beilage zum Fisch serviert.

SCHWEDEN

**Schweden** Eine schwedische Gewährsfrau berichtet: »Als ich klein war, hatten wir Grünkohl als Dekoration auf dem Weihnachtsschinken. Aber ich glaube, das kommt nicht mehr vor.« Gekochten Grünkohl gab und gibt es aber auch, wenn auch nicht überall in Schweden, sondern vor allem – nach einigen Behauptungen sogar ausschließlich – in den Regionen Schonen und Halland. In Halland gilt er sogar als eine Art Nationalgericht. Beliebt an der Westküste ist Grünkohlsuppe mit halbierten hart gekochten Eiern. Beliebt sind neuerdings Grünkohlpasteten; ehe sie gefüllt werden, wird der klein gehackte Grünkohl in Butter angebraten.

Neuerdings ungeheuer beliebt sind Grünkohlchips. Dazu werden die Blätter zerrupft und klein gehackt. Dann werden sie auf Backpapier verteilt und bestreut und beträufelt mit Salz und Olivenöl. Sie werden bei 150°C eine Viertelstunde gebacken, dann sind sie schön knusprig.

Ein Fernsehkoch erzählt: »Grünkohl ist nicht nur von beeindruckendem Aussehen – durch seinen langen kräftigen Strunk und die dunkelgrünen krausen Blätter –, er hat auch einen besonderen Geschmack, eigentlich nicht wie Kohl, sondern eher wie Spinat, Petersilie oder Mangold. Er schmeckt nach Eisen, Winter und Ernst.«

IRLAND

**Irland** Auf der grünen Insel wird Grünkohl gegessen, aber auch nicht in dem Ausmaß, das zu erwarten gewesen wäre. Die irische Küche weist zwar eine Menge von Kohlspezialitäten auf, aber Grünkohl ist in den klassischen Kochbüchern kaum je zu finden. Eine Gewährsfrau erzählt: »Bei uns gab's *kale* vor allem mit Kartoffeln gemischt, gerade zu Halloween, oder manchmal fein geschnitten in der Gemüsesuppe. Oft wurde er einfach matschig gekocht und als Beilage serviert.« Das mit Halloween muss noch erforscht werden: Ob es einfach an der Jahreszeit liegt, zum 31. Oktober ist Grünkohl ja durchaus schon genießbar. Oder ob ihm irgendwelche magischen Eigenschaften zugeschrieben wurden, wer vermag es zu sagen?

Derzeit ist Grünkohl aber auch in Irland zum Trendfood avanciert und wird von Sterneköchen als Beilage serviert, gekocht, gebraten, roh. Immer wieder wird in Rezepten darauf hingewiesen, dass dieser Kohl nichts mit dem matschigen Kohl früherer Zeiten zu tun habe, der offenbar für Generationen von irischen Kindern lang als kulinarisches Schreckgespenst gegolten hat. Die Sterneköche brillieren neuerdings auch mit »Kalettes«, einer Züchtung, die offenbar aus England kommt, eine Mischung aus Grün- und Rosenkohl, sieht auf Fotos aus wie kleine Grünkohlherzen, die an einem Strunk wachsen.

**England** baut reichlich Grünkohl an. Besonders populär wurde er im Zweiten Weltkrieg, als das Ministerium für Landwirtschaft die Kampagne *Dig for Victory* ins Leben rief. Die Bürgerinnen und Bürger wurden dazu angehalten, ihre Lebensmittel selbst anzubauen und zu rationalisieren. Selbst die Rasenfläche vor dem Tower of London wurde zum Gemüsegarten umfunktioniert. Aufgrund seines hohen Gehalts an Eisen, Magnesium, Ballaststoffen und Vitaminen nahm der Grünkohl beim Eigenanbau eine zentrale Rolle ein. Die Trendwelle der Kale-Bewegung ist, allerdings mit ein paar Jahren Verzögerung, auch in England angekommen und findet sich seitdem in der fitten, grünen Küche. Von hier stammt auch die sogenannte Sirtfood-Diät, die vor allem durch die britische Sängerin Adele populär wurde. Dabei spielt der Grünkohl eine zentrale Rolle.

WALES

**Wales** In der keltischen Nation wird Grünkohl gegessen und gilt als überaus gesund, was natürlich abschreckend klingt, weshalb er vor allem als Kuhfutter genutzt wird. Ältere Leute können sich nicht erinnern, in ihrer Kindheit je Grünkohl im Laden gesehen zu haben. Andere Kohlsorten ja, Weißkohl vor allem, dann Wirsing und auch Rotkohl, aber Grünkohl? Viehfutter, wie gesagt. Das ändert sich jetzt. Auch hier wird Grünkohl als vitaminreiches Trendfood vermarktet und vor allem in Salaten verwendet. Allerdings: Alte Kochbücher aus Wales erwähnen gekochten Grünkohl durchaus, einfach als weitere Kohlsorte, die sich in allen Gerichten verwenden lässt, die üblicherweise mit Weißkohl zubereitet werden.

Zudem bringen alte Spruchsammlungen die interessante Nachricht, dass man das Wasser, in dem Grünkohl gekocht wurde, trinken solle – es mache eine schöne Haut! Man sollte aber vorher in den Kalender schauen, denn dieselben Sammlungen alter Weisheiten sagen auch: Wer lebensmüde ist, soll im August Grünkohl essen oder wenigstens das Kochwasser trinken, die gewünschte Wirkung stellt sich zuverlässig innerhalb weniger Wochen ein.

SCHOTTLAND

**Schottland** Auch in Schottland wurde Grünkohl als Wintergemüse und als Viehfutter genutzt. Zeitweise war der Kohl so beliebt, dass das Wort *kale* gleichgesetzt wurde mit dem Begriff »Essen«. Aber die Trends sind eben international, und deshalb wird Grünkohl heute oft zu Smoothies verarbeitet oder im Ofen knusprig gebacken.

Im 19. Jahrhundert gab es in der schottischen Literatur einen Trend: Das Leben der kleinen Leute auf dem Land sollte möglichst realistisch beschrieben werden, ohne in Elendsbeschreibungen auszuarten. Die hochnäsigen Intellektuellen in Oxford und Cambridge sprachen spöttisch von »Grünkohlliteratur«, wohl der einzige Fall, wo unser Lieblingsgemüse einer Literaturgattung Pate stand.

**Niederlande** Hier wird Grünkohl oft und gern gegessen, und er heißt *boerenkool*, Bauernkohl. Wir können daraus schließen, dass in früheren Jahrhunderten die reichen Kaufleute in Zaandam oder Amsterdam andere Speisen bevorzugten, aber egal. Heute ist das anders, und Grünkohl ist vor allem beliebt in den zahllosen Eintopfrezepten. Eintopf hat auf Niederländisch viele Namen, und hier zitieren wir einfach den Groninger Heimatforscher Henk Scholte: »Stamp. Stoemp. Stimpstamp. Eintopf. Knurrige Worte für ein charakteristisches Gericht der holländischen und belgischen Küche: Stamppot. Lange Zeit in ernsthaften kulinarischen Kreisen verleumdet, aber nie verschwunden, obwohl es schien, als hätten wir in den letzten 30 Jahren keine Lust dazu gehabt. Nach französischer Küche wollten wir Spanisch, Italienisch, Griechisch und Portugiesisch. Und den Rest der Küchen der Welt! Aber in all den Jahren kam noch regelmäßig Eintopf auf den Tisch. Nur hast du das nicht erwähnt, du hast auf einer Party nicht erzählt, wie raffiniert du neulich einen Eintopf zubereitet hast.«

Jedes Jahr zu Anfang Oktober wird in der Stadt Leiden das Fest »Leiden's Ontzet« begangen, zur Erinnerung an die Belagerung der Stadt durch die Spanier, 1574. Die Spanier wollten die Stadtbevölkerung aushungern, aber ein findiger Knabe erfand einen neuen Eintopf und machte alle satt und stark. Die Spanier mussten unverrichteter Dinge abziehen. Und in diesem Eintopf war natürlich Grünkohl enthalten. Was sonst drinnen war, darüber streiten sich die Gelehrten, die ersten Aufzeichnungen, die aus späterer Zeit stammen, nennen Kartoffeln, aber die waren in Europa damals noch kaum bekannt. Grünkohl jedenfalls, das ist belegt!

Und dieses rettende Gemüse geriet deshalb auch nicht wie anderswo in Vergessenheit, sondern wurde und wird auch als Hauptmahlzeit serviert, wie bei den norddeutschen Nachbarn, gekocht und mit Räucherwurst. Wobei in südlichen Regionen, vor allem in der Provinz Limburg und von dort an den Niederrhein hinübergeschwappt, die gekochten Kartoffeln mit dem gekochten Grünkohl vermischt werden, das Ergebnis ist eher hellgrün, schmeckt aber köstlich.

Hier muss eine Einschränkung gemacht werden, für kurze Zeit wurde der gute Ruf des grünen Kohls arg ramponiert, so um 1960, als nämlich die Firma Maggi einen Instant-Eintopf auf den Markt brachte, der offenbar gar zu schrecklich geschmeckt hat. Aber das ist in Vergessenheit geraten, heute wird im Winter überall Grünkohl serviert.

**Normandie** Aus der Normandie kommt die Kunde, der Grünkohl sei dort erfunden worden und dann nach Norden gewandert. Quellen aus anderen Ländern sagen etwas anderes, aber wir wollen die normannische Überlieferung nicht anzweifeln. In der Normandie aber, der Prophet gilt eben nichts in seinem Vaterland und das gilt auch für den grünen Kohl, geriet es in Vergessenheit, dass auch Menschen dieses Gemüse essen können. Er hat den schönen Namen *choux à lapins*, Kaninchenkohl, was zeigt, wer damit gefüttert wurde. Auch heute wird er vor allem indirekt verzehrt, also mit den Kaninchen. Auch *choux frisé* wird er genannt, ob nun wegen der kräuseligen Blätter oder weil er zu den Friesen exportiert wurde, Friesenkohl ist jedenfalls ein schöner Name.

In der neuen, ökologisch orientierten Cuisine gibt es ihn wieder, wie international üblich, gern als Salat oder knusprige Chips.

## Südeuropa

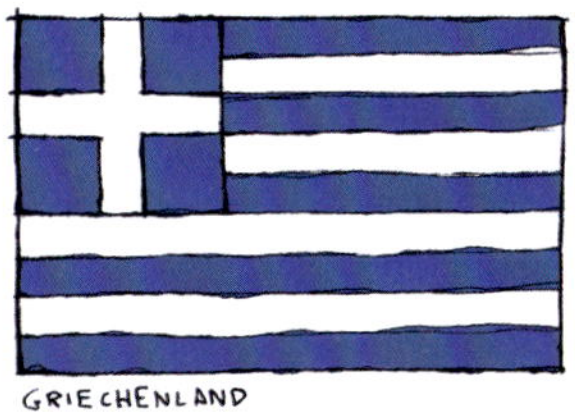


**Griechenland** Bereits vor 2000 Jahren beschrieben Philosophen einen krausblättrigen Kohl, der in Griechenland in großen Mengen gegessen wurde. Entstanden ist dieser Kohl nach einer alten griechischen Sage aus den Tränen eines Prinzen, der es sich mit dem Gott Dionysos verscherzt hatte. Wo die Tränen des Prinzen den Boden berührten, sprossen die ersten Kohlpflanzen – zur Freude künftiger Generationen.

Der Vorgänger des Grünkohls wurde im antiken Griechenland nicht nur gegessen, weil er günstig im Anbau war. Auch heilende Wirkungen (beispielsweise gegen die Symptome ausufernder Trinkgelage) wurden ihm zugesprochen. Es galt im Volksmund, was wir über den Apfel sagen: Eine Portion am Tag, und es wird kein Doktor mehr benötigt.

Heute findet sich auch noch vereinzelt Grünkohl in Griechenland, doch er spielt keine wichtige Rolle mehr in der Esskultur.

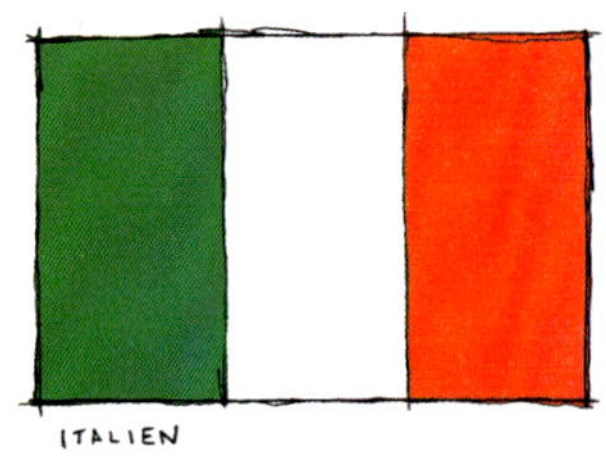


**Italien** In der altrömischen Küche wurde der Grünkohl als Sabellinischer Kohl bezeichnet. Die sabellische oder sabinische Sprache wurde im antiken Italien von den Sabinern gesprochen, die in Mittelitalien siedelten. Ein Hinweis auf den Sabellinischen Kohl findet sich auch heute noch im botanischen Namen des Grünkohls.

Grünkohl galt als Delikatesse und brachte Landwirten, die ihn im großen Stil anbauten, viel Geld und großes Ansehen. Der römische Senator Cato der Ältere (234–149 v. Chr.) brach geradezu in Lobeshymnen über das Kreuzblütengewächs aus: »Kohl und wie er die Verdauung fördert: Es ist der Kohl, der alle anderen Gemüsesorten übertrifft. Iss ihn gekocht oder iss ihn roh; wenn du ihn roh isst, dann tauche ihn vorher in Essig. Er fördert die Darmaktivität wunderbar, und auch der Urin ist gegen alle möglichen Beschwerden hilfreich.« Auch gegen Hautausschlag, Ohrenschmerzen und allerlei anderer Beschwerden sollte Cato zufolge Grünkohl ein wirksames Mittel sein.

In Norditalien, vor allem der Toskana, finden sich Anbaugebiete des *Cavolo nero* (auch: Toskanischer Kohl, Schwarzkohl, Palmkohl), ebenfalls ein Kreuzblütengewächs, das wie Grünkohl zubereitet wird und sehr ähnlich schmeckt. Insbesondere winterliche Eintöpfe, Salate und leichte Pfannengerichte werden mit diesem Kohl zubereitet. Im Gegensatz zu norddeutschen Grünkohlsorten sind italienische Sorten wie der *Cavolo nero* oder *Cavolo palmizio* etwas milder und süßlicher im Geschmack und haben zumeist keine krausen, sondern blasige Blätter. Diese werden für eine mediterrane Zubereitung meist kurz blanchiert oder direkt roh verwendet.

Die italienischen Sorten eignen sich in modernen Gerichten besonders gut für Süßspeisen, da die feine Süße sehr gut betont wird.

Wer in Italien Urlaub macht, sollte sich an *Spaghetti al cavolo nero*, *Pasta con cavolo nero e calamari,* den sizilianischen *Panzerotti con sbrinz acciughe e cavolo nero* oder einer *Ribollita* versuchen. Doch auch mit dem geschmacksintensiveren Grünkohl lassen sich die Rezepte problemlos zubereiten. Nicht nur für Vegetarier stellt die *Ribollita*, eine toskanische Bauernsuppe aus Bohnen, Grün- oder Palmkohl, weiterem Gemüse und Brot, eine herzhaft-leichte Alternative zum Traditionsgericht mit Pinkel und Schweinebacke dar.

## Osteuropa

Kohl spielt allgemein eine große Rolle in der osteuropäischen Küche. Auch international sind Kohlgerichte wie Piroggen, Sauerkraut, Rouladen (Golubzi) und Soljanka bekannt. Leicht und robust im Anbau, günstig und gut haltbar zu machen, war Kohl seit jeher beliebt – bei der einfachen Bevölkerung ebenso wie bei der russischen Zarenfamilie. Weißkohl, heute essenziell für die osteuropäische Kohlküche, wird allerdings erst seit dem 12. Jahrhundert gegessen. Vorher wurde Blattkohl wie der Feder- oder Grünkohl gegessen. Die Blätter des Grünkohls wurden oftmals wie Sauerkraut konsumiert und brachten die Familien über lange, harte Winter. Besonders in der Schtschi-Suppe, einer Kohlsuppe, die heute zumeist mit Sauerkraut aus Weißkohl hergestellt wird, fand der fermentierte Blattkohl Verwendung.

Die bekannteste Sorte im Anbau ist der Red Russian oder Russischer Roter. Die Blätter sind gezackt und beliebt für Salate und Smoothies. Die alte Kohlsorte soll Ausgangspunkt für den amerikanischen Kale-Trend sein, sie wurde von russischen Immigranten über Kanada nach Amerika gebracht. Angeblich züchtete ein Farmer aus Oregon aus der Kohlsorte zahlreiche bunte Untersorten, die die Nachfrage steigerten und die Kreativität der Foodies entflammen ließ.

## Übersee

USA

**Die USA** gelten in verschiedenen Lebensbereichen als *dictator of taste* und brachten so manche kulinarisch fragwürdigen Trends in die Welt. Doch beim Umgang mit Grünkohl bereichert das Land des Fastfoods unbedingt den kulinarischen Horizont. So lernten die Norddeutschen vor rund zehn Jahren, dass Grünkohl tatsächlich nicht nur halbtot gekocht neben einer Kochwurst und Kartoffeln seine Daseinsberechtigung hat. Stars wie Jennifer Aniston und Gwyneth Paltrow zeigten sich von dem hippen Glamour-Gemüse ganz und gar verzückt. Beyoncé trug das englische Wort für Grünkohl, *kale*, sogar auf ihren T-Shirts.

Wir lernten nun, dass der Grünkohl extrem gesund ist und gut in sämtlichen Konsistenzen schmecken soll. Die Rede ist natürlich von Smoothies, Säften, Chips & Co. Als Urheberin dieses Trends gilt Oberon Sinclair, eine Geschäftsfrau, die PR-Agenturen in London und New York unterhält. Im Zuge eines sogenannten Guerilla-Marketings schrieb sie den Kohl kurzentschlossen mit Kreide auf die Aushänge und Speisekarten der Restaurants in den Szenevierteln New Yorks und gründete zur Vermarktung die fiktive American Kale Association. Ein Trend war geboren. (Bevor Sinclair den Grünkohl von seinem verstaubten Image befreite, war eine große US-amerikanische Pizzakette Hauptabnehmer von Grünkohl. Allerdings kann man das Unternehmen deswegen kaum als Trendsetter bezeichnen, denn die krausen Blätter wurden einzig und allein zur Dekoration von Glasvitrinen eingekauft.)

Es verwundert wenig, dass man in New York keine gezuckerten Kartoffeln und stark geräucherten Würste neben dem *kale* findet. Der Grünkohl

wird, wie schon im antiken Griechenland, als Gesundheitsbooster gefeiert (wie viel Gutes er enthält, erfahren Sie von Dr. Christoph Hahn im Kapitel »Grünkohlwissen«). Bei dieser wahren Nährstoffbombe ist es sinnvoll, dem deklarierten Superfood nicht sämtlichen Gehalt beim stundenlangen Kochen zu entziehen. Man setzt auf leichtere Gerichte mit geringerer Kochdauer. Und genau solche Rezepte trenden seitdem in den USA. Oberon Sinclair soll begeistert ausgerufen haben, wie toll sich der Geschmack entwickele, wenn man Grünkohl massiert.

Die Bandbreite an modernen Grünkohlrezepten ist schier unendlich: Als Salat, Pesto, Kuchen oder blanchiert zu Pasta, als Pizzabelag, in Pfannengerichten mit Kartoffeln und Chorizo oder in supergesunden Smoothies – der sehr populäre Kochblog der *New York Times* listet derzeit sagenhafte 1519 Rezepte unter dem Stichwort *kale*.

**Afrika** Hier findet man grünkohlähnlichen Blattkohl im Osten des Kontinents. Seinen Weg fand der Kohl wohl über Auswanderer aus dem Süden Europas. Grünkohl gilt vor allem in Ostafrika als ein Essen der Armen.

ÄTHIOPIEN

In Kenia und Tansania ist Grünkohl ein wichtiges Grundnahrungsmittel in den bäuerlichen Hochlandgemeinden, wo er als *sukuma wiki* bezeichnet wird, was auf Suaheli »die Woche schieben« bedeutet. Oftmals heißt es: entweder *sukuma wiki* oder hungrig ins Bett. Der Blattkohl wird meistens mit Zwiebeln und Tomaten gedünstet. Manchmal verfeinert ein Esslöffel Erdnussbutter den Kohl, dazu gibt es einen dicken Maisbrei namens *ugali*.

In Äthiopien kennt man verschiedene Gerichte mit Blattkohl. Besucht man in Deutschland ein äthiopisches Restaurant, steht Grünkohl nach abessinischer Art auf der Karte: gekocht und mit Koriander gewürzt. Bekannt ist auch das Gericht *Gomen Wot* oder *Gomen Wat* aus der Region Äthiopien und Eritrea. Es ist ein typisches Resteessen aus Gemüse, doch

Grünkohl ist immer mit drin. Zusammen mit Zwiebeln, Knoblauch und *Nit'ir Qibe* (Niter Kibbeh), einer afrikanischen Gewürzbutter, entsteht ein Aroma, dass norddeutsches Heimatgefühl mit der Exotik der afrikanischen Küche verbindet. Dazu wird *Injera* gegessen, das typisch äthiopische Fladenbrot.

## Grünkohl in Deutschland: Grünkohltraditionen und Hochburgen

**Mecklenburg-Vorpommern** Der Grünkohl ist vor allem in Westmecklenburg bis Rostock und Güstrow zu Hause. Die Pommern zum Beispiel auf den Inseln schätzen Kohl auch sehr, aber vor allem den Weißen und den Roten Kohl. Die Inseln Rügen und Poel waren bis zur Wende große Kohlanbaugebiete.

In Rostock wird heute noch Grünkohl mit geräucherter Gänsebrust oder mit Entenbrust zubereitet. Carsten Loll vom Restaurant Carlo615 im Rostocker Stadthafen, er ist der Treffpunkt der hanseatischen Grünkohlfans in Rostock, bietet immer im Winter und vor Weihnachten Grünkohlessen an. Dabei ist seine Spezialität der »Kloppschinken«. Scheiben von geräucherten Schweineschinken werden erst etwas weich »gekloppt«, dann in Eigelb gewendet, paniert und in einer schweren Pfanne ausgebraten, dann zum Grünkohl gereicht.

In den Gutshäusern der mecklenburgischen Dörfer kamen in der Gesindeküche im Winter große Schüsseln Grünkohl auf den Tisch, wo in der Mitte ein geräucherter Schweinekopf »thronte«. In guten Jahren wurden auch Kastanien im Kohl mitgekocht. *Gräunkohl mit Swinskopp* war ein beliebtes Fastnachtsgericht. Der Gutsherr schnitt jeweils Scheiben davon ab und verteilte sie an Mägde und Knechte. Dies hat der Schriftsteller Fritz Reuter in mehreren Werken beschrieben.

Traditionell war Grünkohl im Mecklenburg auch ein Weihnachtsessen, was man ebenfalls bei Fritz Reuter oder bei Richard Wossidlo nachlesen kann. Sie beschreiben auch die typische Zubereitungsart: frisch geerntet, gewässert, von den Stielen befreit, in Schmalz und Zwiebeln angebraten. Geräuchertes gehört unbedingt in den Topf. Mit Brühe aufgießen, auf den Herd stellen und nebenbei Plätzchen backen. Kleine Kartoffeln dazu und – Lungenwurst und Schweinebacke.

**Schleswig-Holstein** Im nördlichsten Bundesland ist der Grünkohl verwunderlicherweise im Vergleich zum Rot- oder Weißkohl eher ein Nischenprodukt, das auf nur rund 30 Hektar angebaut wird. Im Jahr 2020 wurden etwa 615 Tonnen Grünkohl geerntet und vornehmlich direkt vermarktet. Dass diese 615 Tonnen Kohl fast ausschließlich im eigenen Land konsumiert wurden, ist anzunehmen – immerhin gaben bei einer Statista-Befragung (November 2021) etwa zwei Drittel der befragten Einheimischen an, Grünkohl gehöre zu ihren Lieblingsgemüsesorten.

In Schleswig-Holstein wird das traditionelle Grünkohlgericht mit Schmalz, Zwiebeln, durchwachsenem Speck, Schweinebacke und Rinderfond gekocht. Ist der Kohl danach noch zu flüssig, wird er mit einer Handvoll Haferflocken abgebunden. Kassler und Kochwürste werden bei dem zweiten Erhitzen mitgekocht, so bleibt das Fleisch saftig. Die Kartoffeln haben im Grünkohl jedoch nichts verloren und werden separat gekocht und serviert.

Die Holsteiner Küche ist bekannt für ihre *broken Sööt*. Diese »gebrochene Süße« findet sich in vielen traditionellen Gerichten wie dem Holsteiner Rübenmus, Mehlbüddel oder Birnen, Bohnen und Speck. Dadurch entsteht ein spannendes Wechselspiel zwischen Herzhaftem – meist in Form von geräuchertem oder gepökeltem Fleisch – und einer süßen, oft obsthaltigen Komponente. Im Grünkohlessen kommt der Zucker an die kleinen Kartoffeln. Diese werden nach dem Kochen langsam in Butterschmalz gebraten. Sind die Kartoffeln braun und knusprig, werden noch ein paar Löffel Zucker mit in die Pfanne gegeben, sodass eine knackig-karamellisierte Schicht entsteht.

KARAMELISIERTE KARTOFFELN MIT THYMIAN

**Das Biikebrennen in Nordfriesland** Wenn die Flammen meterhoch schlagen, verbreitet sich trotz der kalten Seeluft eine gemütliche Wärme am Strand. Einheimische und Gäste, Jung und Alt, alle kommen jedes Jahr am 21. Februar, dem Vorabend des Petritags, zum Biikebrennen zusammen. An der nordfriesischen Westküste und auf den Inseln Sylt, Amrum, Föhr, Pellworm, Nordstrand und auf den Halligen ist der Tag fest für dieses Ereignis reserviert.

*Biike* ist Friesisch für Bake, Feuerzeichen oder Seezeichen. Im nordfriesischen Küsten- und Inselgebiet wird mit dem Biikefeuer eine lange Tradition gepflegt. In vorchristlicher Zeit wurden mit dem Feuer der germanische Gott Wodan geehrt und die Wintergeister vertrieben, später diente es der Verabschiedung von heimischen Walfängern, die in die Saison starteten. Seit 2014 steht das Biikebrennen sogar im nationalen Verzeichnis des immateriellen Kulturerbes der UNESCO.

Walfänger werden heute nicht mehr verabschiedet, der Winter schon. Häufig werden für das Feuer die alten Weihnachtsbäume und -gestecke mit weiteren Zweigen aufgetürmt. Dann wird das Biikefeuer angezündet. Die Einheimischen unterstützen das Entfachen mit dem Ruf *Tjen di Biiki ön!* (»Zündet die Biike an«). Mancherorts wird als Symbol des Winters eine Strohpuppe (Pidder oder Petermännchen genannt) oder ein Holzfass verbrannt.

Nach dem Fackelspaziergang zum Strand, einer Rede auf Friesisch und dem Biikebrennen, bei dem gern ein Glühwein oder Punsch getrunken

wird, rundet ein klassisch gekochter Grünkohl das Volksfest ab. Das war die Idee eines Sylter Kochs, der 1909 aus der Not heraus Grünkohl servierte statt der bis dahin üblichen Würste mit Kartoffelsalat. Doch offenbar mundete das Kohlgericht und führte zu einer neuen Tradition. Familien finden sich entweder am heimischen Esstisch wieder, oder man kehrt in einen der zahlreichen Gasthöfe ein, die ihre Speisekarten natürlich auf den Brauch eingestellt haben.

### Gröönkohl

*Warrt dat koolt an Nees un Ohren,*
*hett dat eerst mal richtig froren,*
*denn is dat wedder mal sowiet,*
*denn kummt de schöne*
*Gröönkohltiet.*
*Laat uns sitten, dal mal huken,*
*'n lütten Sluck köönt*
*wi ok bruken.*
*Gröönkohl op'n Disch,*
*mien leve Herr,*
*wat vun en Glück op düsse Eer.*
*Un so laat uns nu man snacken*
*vun'n Gröönkohl*
*un Swienebacken.*
*Ja, de Swiensbacken höört darbi,*
*goot anrökert. Versteihst du mi?*
*Bi't Woort »Gröönkohl«*
*kaam ik in't Swögen,*
*dar deit sik mien Maag al rögen.*
*Gröönkohl mit Wust,*
*dörwussen Speck!*
*Hm, nu ik mi den Bart*
*al leck.*
*För den Gröönkohl,*
*schallst du weten,*
*laat ik stahn dat dürste Eten.*
*Un so en Slicker-, Slackerkraam*
*is nix för'n Keerl,*
*man blots för Dam'n.*
*Licht kriggst du mi nich*
*to'n Strieden.*
*Stöörst d' mi to*
*Gröönkohlmahltieden,*
*denn warr ik grantig, asig un dull.*
*Gröönkohl in'n Gaarn,*
*dat is doch wat.*
*Blots maakt in'n Gaarn*
*he mi nich satt.*
*Gröönkohl op'n Disch*
*bringt mi eerst Freid.*
*Gröönkohl, wat vun en*
*Herrlichkeit!*

*Vun Heinz Richard Meier*

**Hamburg** Biikebrennen? Boßeln? Festivitäten? Fehlanzeige. Die Hanseatin und der Hanseat sehen das ganze Grünkohlthema gelassen. Er gehört zum norddeutschen Winter – wie ein beständiger Regen und die eine oder andere Sturmflut. Man muss kein Aufheben davon machen. Wer möchte, kann sich aber auch in der Hafenstadt sehr ausführlich mit dem saisonalen Gemüse befassen. Grünkohl wird hier in fast jedem Restaurant serviert, das deutsche Küche anbietet, und zwar meist auf Holsteiner Art mit Kochwurst, Kassler, (süßen) Bratkartoffeln und optional Bauchfleisch.

Hamburg lag schon immer kulinarisch gesehen in Bestlage: Die Vierlande brachten Gemüse, das Alte Land Obst, der Hafen Fisch und exotische Gewürze und die bäuerlichen Betriebe in Niedersachsen und Schleswig-Holstein den Grünkohl und die Fleischeinlage. Ideale Voraussetzungen für eine schöne Grünkohltradition. Als Fan regionaler, nachhaltiger Strukturen, wie sie die Organisation Slow Food fördert, kommt man in Hamburg auch heute noch auf seine Kosten, beispielsweise in der Hobenköök, bei Wolfs Junge, auf Gut Wulksfelde, in der Oberhafenkantine … In dem windschiefen Gebäude der Oberhafenkantine begehen die Betreiber das Ende der Grünkohlsaison mit einem Abschlussessen: Grünkohl satt, Gesang, Selbstgedichtetes zum Thema Grünkohl und der eine oder andere Schnaps. Auf solche Veranstaltungen trifft man immer wieder in Hamburg, wie etwa der St. Pauli Nachtmarkt, bei dem man sich zum kollektiven Grünkohlessen trifft.

Auch ein Blick auf die Menükarten der zahlreichen Sterneküchen in Hamburg lohnt sich, denn auch hier finden sich im Winter Grünkohlgerichte mit einem modernen Twist.

Beliebt bei Touristen sind in Hamburg Barkassenfahrten durch den Hamburger Hafen, bei denen es Grünkohl, Rote Grütze, Bier und Schnaps gibt, während Shantys gespielt werden und dem nostalgisch-maritimen Leben gefrönt wird. Organisiert werden diese Veranstaltungen von den Schiffsbetreibern direkt oder auch von der ansässigen Lokalzeitung.

# Familienliebe für guten Grünkohl & frisches Bier

**Interview von Johanna Rädecke mit Niklas Nordmann von Ratsherrn**

2012 eröffnete Ratsherrn eine eigene Brauerei. Heute ist Ratsherrn die größte inhabergeführte Brauerei Hamburgs und Mitglied der Slow Brewing Vereinigung. Niklas Nordmann verantwortet das strategische Marketing sowie den Ausbau der Eigengastronomien. Seine Familie stammt aus dem Oldenburger Raum – eine Begeisterung für Grünkohl ist damit selbstverständlich.

**Wer hat dich zum Grünkohl gebracht?**
Das ist bei uns Familientradition. Meine Eltern und Großeltern kommen aus Wildeshausen, also aus dem Oldenburger Land. Zur Grünkohlzeit besuchen wir immer die Großmutter und helfen mit. Ein großer Familienspaß. Es gibt Pinkel direkt aus unserem Heimatort Wildeshausen, Kasseler und Kochwürste dazu. Und natürlich Salzkartoffeln.

**Grünkohl wurde bereits im Mittelalter gegessen, da galt Hamburg als Brauhochburg. Kein Wunder, dass sich diese beiden Produkte trafen. Warum passen Grünkohl und Bier so gut zusammen?**
Es gibt eigentlich keine bessere Kombination! Bier ist ein perfekter Begleiter, weil das Kohlessen eine salzig-deftige Angelegenheit ist. Dadurch

hat man einen gewissen Durst auf ein kühles, frisches Bier. Man kann mit den Biersorten ja variieren, je nachdem, wie der Grünkohl zubereitet ist. Ist der Grünkohl etwas bitterer, kann man mit einem süßlicheren, malzbetonten Bier entgegenwirken, wie unserem Altonaer Rotbier. Das Pils oder auch unser Helles passt hervorragend zu milderem, klassisch zubereitetem Grünkohl.

**Welche der Biere gehören zu einem klassischen Grünkohl, welche würdest du eher zu mediterranen Grünkohlgerichten oder Salaten trinken?**
Zu dem klassischen Grünkohl würde ich immer unser leichtes, schlankes Pils nehmen, weil ich zu einem deftigen Essen kein schweres Bier brauche. Die subtile Bitterkeit ergänzt den Grünkohl einfach gut. Zu den leichteren, modernen Grünkohlgerichten – die man dann ja auch gerne auch schon mal mittags isst – passt ein herrlich-zitroniges Alsterwasser oder auch unser Session IPA, ein etwas hopfigeres Bier mit wenig Alkohol.

**Und was bekommen wir verrückten Holsteiner, die Zucker zu ihrem Kohl essen?**
Dann würde ich unser Dry Hopped Pilsner empfehlen: ein kaltgehopftes Pils – herber und doch auch fruchtiger als unser Klassiker. Das bringt eine gute Balance zu den süßen Kartoffeln.

**Der Grünkohl findet seinen Weg immer weiter in die Sternegastronomie. Wie sieht es da mit Bier aus?**
Ich finde die Entwicklung hin zum »German Superfood« hervorragend. Die Entwicklung bringt einen Bezug zur Regionalität und Saisonalität zurück. Diesen Trend gibt es auch beim Bier. Uns geht es darum, unsere Wege zu unseren Rohstoffen so kurz wie möglich zu halten. Deswegen bauen wir unsere Gerste auf Rügen selbst an.

**Eben hast du das Thema Saisonalität angesprochen. Grünkohl ist absolutes Saisongemüse. Aber wie wird Bier saisonal?**
Je nach Jahreszeit bieten wir saisonale Biere an, anstatt ein Hauptsortiment dauerhaft verfügbar zu machen. Im Herbst gibt es beispielsweise ein klassisches Märzen, das traditionell in den kalten Monaten gebraut wird. Das Märzen ist ein malzbetontes, untergäriges Bier und passt übrigens hervorragend zum Oldenburger Grünkohl.

**Welches Ratsherrn-Bier sollte man sich zur Grünkohlsaison auch nicht entgehen lassen?**
Unser klassisches Winterbier in der 0,75 l Flasche, es ist ein bisschen süßlich und karamellig. Das sollen die Leute sich bei einem gemeinsamen Grünkohlessen teilen.

**Das passt ja perfekt zum Grünkohlessen – große Pötte in der Mitte zum Teilen …**
Genau, es geht um Geselligkeit, Familiensinn, Spaß haben und bewussten Genuss.

**Bremen** Das Wintergemüse ist in Bremen äußerst beliebt: Im Herbst 2021 zählten in Bremen – als Spitzenreiter der Bundesländer – 86 Prozent der Befragten Grünkohl zu ihren Lieblingsgemüsesorten. Dabei darf von Grünkohl gar nicht gesprochen werden, das klassische Gericht heißt entweder Braunkohl oder Kohl und Pinkel, wenn man in Bremen unterwegs ist. Der Ausdruck Braunkohl stammt von einer alten regionalen Kohlsorte, dem Langkohl, der rote Pigmente in den Blättern enthielt und durch das Kochen eine bräunliche Färbung annahm. (Auch in der Magdeburger Börde sagt man übrigens »Braunkohl«, ebenso wie in Braunschweig. Hier sind manche sogar überzeugt, dass der Kohl aus ihrer Stadt kommt und daher seinen Namen hat.)

Auf dem Kohlhöker-Markt boten Bauern bereits im Mittelalter ihren Kohl an. Bei der bekannten Schaffermahlzeit in der Rathaushalle, bei der ursprünglich am Ende des Winters die Kaufleute und Reeder ihre auf Fahrt gehenden Kapitäne verabschiedeten, gibt es seit der ersten Veranstaltung Bremer Braunkohl im Hauptgericht. Und das war immerhin bereits 1545. Seitdem findet das Zusammentreffen einflussreicher Persönlichkeiten aus Politik und Wirtschaft – seit 2015 endlich auch mit weiblichen Gästen – an jedem zweiten Freitag im Februar statt.

Die Schaffermahlzeit ist jedoch nicht die einzige traditionsreiche Veranstaltung, bei der Grün-, pardon, Braunkohl gegessen wird. Seit über 100 Jahren ist die sogenannte Eiswette fest in Bremens Kulturkalender verankert – ein zweiteiliges Spektakel mit einer Eisprobe am Punkendeich und dem Stiftungsfest mit geladenen Gästen. Ihren Ursprung hat die Eiswette im Jahr 1829. Kaufleute und andere Bremer hatten darauf gewettet, ob die Weser Anfang Januar zugefroren oder offen sein würde: *of de Werser geiht or steiht* (plattdeutsch für »ob die Weser geht oder steht«). Der Einsatz war ein Essen mit »vaterländischem Braunen Kohl mit Zubehör« für die Schar, das der Verlierer bezahlen sollte. Braunkohl wird noch immer auf dem Bankett des Stiftungsfests serviert – natürlich für einen guten Zweck.

Seit Mitte des 19. Jahrhunderts finden auch in Bremen und Umland Kohlfahrten statt – Bremen und Oldenburg sind sich nicht einig, wer nun auf eine längere Tradition zurückblicken kann. Generell könnte man von einem freundschaftlichen Wettstreit eingefleischter Kohlfans beider Städte

*Das traditionsreiche Schaffermahl findet seit 1545 in Bremen statt. Zum Hauptgang wird Braunkohl serviert*

sprechen. Wer hat's erfunden? Wer macht die bessere Pinkelwurst? Heißt es Grün- oder Braunkohl? Die Zubereitung des Bremer Braunkohls unterscheidet sich nicht von der niedersächsischen Art: Es werden Kassler, Bauchspeck und Pinkel gereicht. Letzteres ist eine herzhafte Grützwurst, die insbesondere in Bremen, Oldenburg und Ostfriesland bekannt und beliebt ist. Während die Haut der Oldenburg'schen Pinkel mitgegessen wird, muss bei der Bremer Variante das Innere aus der Haut gepellt werden.

**Oldenburg** Seit 2010 ist Oldenburg selbsternannte »Kohltourhauptstadt«. Hier bezeichnen die Einheimischen das Wintergemüse als Oldenburger Palme und widmen dem Grünkohl Events, Merchandise (wie Socken mit Grünkohldruck), Websites und zahlreiche lokale Produkte, die die Vielseitigkeit des Kohls demonstrieren. Das Grünkohlessen selbst – in Oldenburg mit Pinkel, geräuchertem Speck und Salzkartoffeln – wird in eine Tradition eingebettet, die vor über 150 Jahre begann: die ab Mitte Januar stattfindenden typischen Kohlfahrten.

Doch schon der erste Novembersonntag ist fest der Oldenburger Palme verschrieben. Mit einer großen Veranstaltung, die vom Stadtmarketing organisiert wird, verwandelt sich die Innenstadt in ein Grünkohl-Mekka. Gastronomie, Produzentinnen und Produzenten und wahre Grünkohlfans treffen aufeinander und tauschen bei einer deftigen Portion Kohl alte Geschichten sowie traditionelle und neue Rezepte aus. Da wird der Grünkohl mal ganz klassisch serviert, mal mit einer gehörigen Portion Innovation: als Pesto, im Burger, Döner, Smoothie, in Bier, Tee, Gin – und sogar in einer Praline!

Hani Alhay entwickelte in seinem Oldenburger Dönerladen seine »Liebeserklärung an die deutsche Bevölkerung«: ein pikanter Grünkohl-Döner mit Kartoffeldöner-Bratwurst. Seine Kreation schaffte es bereits in die Lokalnachrichten. So geht Fusion-Küche.

Nicht nur in herzhaften Speisen findet sich der Kohl. Dass er ebenso mit Schokolade harmoniert wie Meersalz oder Rosmarin, will der Oldenburger Konditor und Chocolatier Christian Klinge beweisen. Er ist der Erfinder der »Grünkohl-Praline«. In der Zartbitterhülle versteckt sich eine cremig-süße Füllung, die das Kohlgemüse mit weißer Schokolade und Korn verbindet. Abgerundet wird die Komposition mit rosa Pfeffer. Klinge verwendet für seine Praline den italienischen Palmizio-Grünkohl, der besonders mild und süß ist. Dieser wird vor der Weiterverarbeitung drei Tage gekocht und reduziert. Der Korn in der Praline ist nicht nur ein weiteres typisch norddeutsches Produkt, sondern macht die süße Versuchung länger haltbar. So wird daraus ein ideales Mitbringsel für wahre Grünkohlfans.

*Konditor Christian Klinge erfand die Grünkohlpraline*

Alljährlich im Februar beliefert ein Oldenburger Gasthof das *Defftig Ollnborger Gröönkohl-Äten* in der Bundeshauptstadt. Es begann, als Bundespräsident Theodor Heuss 1956 nicht nach Oldenburg zum Grünkohlessen kommen konnte. Deshalb fuhren die Stadtväter in die Bundeshauptstadt Bonn und richteten dort das Essen aus. 1998 zog man mit nach Berlin um und servierte das Essen im Opernpalais Unter den Linden. Seit 2002 findet es in den Räumen der Niedersächsischen Landesvertretung in Berlin statt. Geladen werden Persönlichkeiten aus Politik, Wirtschaft und Kultur, Schirmherr ist der niedersächsische Ministerpräsident. Für das Oldenburger Nationalgericht sorgt derzeit der Bümmersteder Krug. Über 150 kg Kohl, 500 Pinkelwürste, 400 Kochmettwürste, 20 kg gestreifter Speck und 70 kg Kassler werden jährlich benötigt. »Wir kochen den Grünkohl hier fertig, und dann wird er von der Oldenburger Feuerwehr abgeholt und nach Berlin gebracht«, so Geschäftsführer Nico Winkelmann. Am Ende der Veranstaltung wird eine Kohlmajestät gewählt. Den Titel durften bereits viele Politikerinnen und Politiker tragen. Damit geht die Ehre einher, das »Oldenburger Kohlvolk« ein Jahr lang zu regieren – aber auch die Pflicht, es mindestens einmal in der Amtszeit zu besuchen.

Bei einem solchem *Gröönkohl-Äten* wurde 2003 sogar eine »Grünkohl-Akademie« gegründet. Auf deren Website findet sich geballtes Wissen rund um Traditionen, Sorten, Gebräuche und Rezepte, von dem Stadtmarketing mit Liebe und einem Augenzwinkern aufbereitet. An der Universität Oldenburg befindet sich zudem ein Grünkohlgarten, in dem Dr. Christoph Hahn die verschiedenen Sorten untersucht und sogar eine neue Sorte

*Kohlessen mit Norbert Blüm 1987*

züchtet, die nun auch ganz offiziell Oldenburger Palme heißen soll. Lesen Sie dazu mehr im Kapitel »Grünkohlwissen«.

Nicht nur kulinarisch bereichert die »Oldenburger Palme« die Stadt. Im OLantis – einem Schwimmbad in Oldenburg – begeistert der Spa-Bereich mit einem Grünkohlpeeling. Das Bad soll in Zukunft auch noch um eine »Grünkohlsauna« bereichert werden. Wie sich die ätherischen Öle der Grünkohlpflanze als Aufguss machen, bleibt leider noch ungetestet.

**Kohlfahrten** Der Start in die Grünkohlsaison signalisiert auch den Beginn der sogenannten Kohlfahrten, als deren Wiege Oldenburg gilt. 1846 kombinierte der »Turnvater« Jahn eine Wanderung mit Leibesübungen, es entstand die »Turnfahrt«. 1871 kombinierte der Oldenburger Turnerbund sie mit einem anschließenden gemeinsamen Grünkohlessen, die Kohlfahrt war geboren.

Zugegeben, bei der modernen Kohlfahrt spielt die körperliche Ertüchtigung eine eher untergeordnete Rolle. Vielmehr ist sie der ideale Anlass, Freunde, Bekannte, Vereins- und Familienmitglieder zu versammeln, einen Bollerwagen mit allerlei Hochprozentigem gegen die Kälte zu füllen und mit Musik durch die Landschaft zu ziehen – ein Brauch, der sich zusätzlich zu Oldenburg und dem nordwestlichen Niedersachsen über das Ammerland, Teile des Südoldenburger Landes sowie die Region von Bremen und Bremerhaven erstreckt.

Die Kohlfahrten werden zumeist privat oder über die örtlichen Vereine organisiert, doch auch in der Tourismusbranche haben sie in Form von kulinarischen Stadtführungen Einzug gehalten. Schon bei dem Grünkohl-Opening im November sind die Fahrten ein wichtiges Thema, auch wenn diese erst von Mitte Januar bis März stattfinden. Und es wird schnell klar: Bollerwagen ist nicht gleich Bollerwagen. »Es findet ein freundschaftliches Battle statt: Wer hat den schönsten, besten, lautesten und größten Bollerwagen gebaut? Wer hat die beste Musikausstattung?«, so Nico Winkelmann vom Bümmersteder Krug.

Die Kohlfahrtspiele sind das eigentliche Herzstück der Tour. Bekannt und beliebt ist das Boßeln, hierbei versuchen mehrere Teams, eine Kugel mit möglichst wenigen Würfen über eine vorab festgelegte Strecke (im Idealfall etwa 4–6 km) zu werfen. Weitere ideenreiche Wurf-Wettbewerbe werden mit Gummistiefeln, Besen oder sogar Teebeuteln gespielt. Auch Seilziehen, Sackhüpfen, das Schätzen der Anzahl von Erbsen im Glas oder Eierlaufen erfreuen sich großer Beliebtheit.

Während der Kohlfahrt gibt es neben Spiel und Korn (und manchmal Glühwein) später auch Kaffee und Kuchen. Die mobile Versorgung wird durch Verwandte oder Bekannte des gerade amtierenden Kohlkönigspaares gesichert. Gegen Abend ist dann das Ziel erreicht. In einem Landgasthaus versammelt man sich zum gemütlichen Grünkohlessen, bevor dann zu Musik und Tanz als Höhepunkt des Tages das nächste Kohlkönigspaar gekrönt wird – ermittelt durch den Highscore der Kohlspiele, ein alles entscheidendes Extraspiel oder reines Losglück.

Das am Ende jeder Kohlfahrt neu gekrönte Kohlkönigspaar ist für die Planung der Tour im kommenden Jahr zuständig. Während der einjährigen Regentschaft muss das Königspaar einen gemeinsamen Termin finden, einen Gasthof aussuchen und buchen, Spiele organisieren und den Ablauf planen. Mit einer feierlichen Einladung wird schließlich der Treffpunkt bekannt gegeben – das Ziel der Kohlfahrt bleibt jedoch erstmal ein Geheimnis.

**Nordrhein-Westfalen** ist ein wichtiges Gebiet für den Grünkohl. Auf stolzen 500 Hektar wird das Kreuzblütengewächs hier angebaut – und damit ist Nordrhein-Westfalen ein viel größerer Grünkohllieferant als Schleswig-Holstein. Bollerwagen, Boßeln und Biike sucht man hier zwar vergeblich, aber Grünkohl wird schlichtweg sehr gern gegessen.

In westfälischer Tradition wird der Grünkohl als Eintopf zubereitet – die Kartoffeln werden meist gemeinsam mit dem Grünkohl gekocht. Modern ausgedrückt ist das Gericht daher aus der Rubrik *one pot*. Die Besonderheit des Essens liegt jedoch nicht in der Kartoffelzubereitung oder der Fleischbeilage (dicke Rippe und Geräuchertes stehen hier hoch im Kurs), sondern in einer weiteren Darreichung, die den anderen Landstrichen gänzlich unbekannt ist. Schleswig-Holstein kennt die *broken Sööt*, in anderen Regionen wird der Kohl etwas gezuckert. Doch Nordrhein-Westfalen setzt noch einen drauf und serviert zum Grünkohl sogar Obstkompott. Ein stattlicher Klecks Apfelmus oder Preiselbeermarmelade gehört in vielen regionalen Rezepten unbedingt dazu.

Grünkohl spielt vor allem im Münsterland und in Ostwestfalen eine größere Rolle. Ostwestfalen-Lippe gilt als Hochburg des Grünkohlanbaus, was nicht zuletzt an einer bekannten Konservenfabrik liegt, die den Kohl frisch verarbeitet – Grünkohl mag keine langen Transportwege.

Doch auch außerhalb des Kohl-Mainstreams hat die Region ein Grünkohl-Highlight zu bieten. Ostwestfalen schmückt sich mit der Lippischen Palme, auch Ziegenkohl genannt. Sie wird bis zu 1,80 Meter hoch und ist damit die größte in Deutschland angebaute Grünkohlsorte. Sie hat einen violetten Strunk und einen besonders milden Geschmack. Schon vor 400 Jahren wurde diese Sorte in der Region angebaut, nun ist sie »Arche-Passagier«: Sie wurde in dem Projekt für mehr Biodiversität von Slow Food gelistet. Nur ein landwirtschaftlicher Betrieb baut die Lippische Palme in großem Stil an und verkauft diesen sortenrein.

Und auch wenn es in Nordrhein-Westfalen eigentlich keine Festivitäten rund um den Kohl gibt, bekommen in Münster Grünkohlfans die Möglichkeit, Gleichgesinnte zu treffen. Mitten im Stadthafen, im beliebten

Szeneviertel am Dortmund-Ems-Kanal, liegt die »MS Günther«. Auf dem Kulturschiff finden regelmäßig Veranstaltungen statt, in den Wintermonaten gibt es hier Grünkohl, Musik und maritimes Flair.

## Blick über den Tellerrand

Die (Nord-)Deutschen sind bekannt dafür, Neuem ganz *suutsche* und mit entspannter Gelassenheit bis Zurückhaltung zu begegnen. Der amerikanische Kale-Trend wurde in unseren Landesteilen mit leichter Belustigung aufgenommen. Die Reaktionen reichten vom abfälligen Schnauben bis zum Lokalpatriotismus: »Das kochen wir hier schon seit Jahrzehnten.« Doch vereinzelt, in der jungen, fitten, gesundheits- und selbstoptimierten Bevölkerungsgruppe, wuchs auch hierzulande die Neugier. Es wurden ambitioniert Smoothie-Maker und riesige Kohlköpfe herangeschafft, geputzt, blanchiert, frittiert, manchmal resigniert. Im Übrigen hat sich der Grünkohlkonsum in Deutschland seit Beyoncés Kale-Shirt fast verzehnfacht.

Trends kommen in Wellen. Was an einem Tag auf der ganzen Welt gegessen wird, ist im nächsten Moment vergessen. Avocado, Quinoa, Goji-Beeren, Kurkuma und Sojasprossen sind nur einige Beispiele für heiß geliebtes Superfood, das wegen problematischer Anbaubedingungen oder hoher Schadstoffbelastung teils mehr Schaden als Nutzen in den Küchen motivierter Hobbyköchinnen und -köche anrichtet.

Grünkohl hingegen erfreut sich nicht nur einer treuen Anhängerschaft rund um den Globus, sondern passt auch hervorragend in aktuelle Foodtrends. Ein Trend, der absolut nie wieder in der Versenkung verschwinden sollte, heißt »brutal lokal«. Passend zum Farm-to-Fork-Prinzip geht es um Regionalität, Transparenz und nachhaltigen Anbau. Wie praktisch, dass Grünkohl bei uns in Norddeutschland heimisch ist. Und schließlich zeigt der Umgang mit Grünkohl auch, dass regionale Winterküche nicht nährstoffarm oder eintopflastig ausfallen muss. Auch für die treuesten Anhänger von Grünkohl mit Pinkel lohnt sich deswegen ein Blick über den Tellerrand.

# Grünkohl-wissen

## Biologie, Saatgut & Sorten

# Grünkohlwissen

Grünkohl ist Grünkohl, denken viele. Falsch. Grünkohl ist divers, in Form, Optik und Geschmack. Zum Glück gibt es Biologen, Landwirte und andere Grünkohlexpertinnen, die den Kohl erforschen, uns alte Sorten (mit viel Geschmackspotenzial!) erhalten, neue spannende Sorten züchten und regionale Besonderheiten und Biodiversität im Blick haben.

## Forscher mit Leidenschaft: Grünkohlwissenschaftler Dr. Christoph Hahn

Der Biologe Dr. Christoph Hahn hat nicht nur kulinarisches Interesse für Grünkohl, sondern er beforscht ihn auch. Dabei schaut er sich vor allem die Inhaltsstoffe und die Fraßfeinde des Kohls genauer an. Auch interessieren ihn die Verwandtschaftsverhältnisse der unterschiedlichen Sorten.

»Ich esse liebend gern Grünkohl. Dabei kannte ich lange Zeit nur das traditionelle Rezept, gut durchgekocht, fettig, mit Pinkel und Kassler. Mittlerweile schätze ich aber auch moderne Varianten und alternative Rezeptideen. Zum Beispiel, dass man Grünkohl auch als Smoothie trinken kann und einem dafür theoretisch über 100 verschiedene Sorten dieser Pflanze zur Verfügung stehen.« Der gebürtige Oldenburger arbeitet am Institut für Biologie und Umweltwissenschaften (IBU) an der Universität Oldenburg.

Die Stadt ist bekanntlich eine der Grünkohlhochburgen des Nordens. Da wundert es auch nicht, dass Dr. Hahn an einer neuen Sorte mit dem Namen Oldenburger Palme (*Brassica oleracea* cv. Oldenburgia) arbeitet.

Den meisten Grünkohl, den er untersucht, baut er selbst auf den Feldern der Universität in Wechloy an. Neben den bekannteren Sorten mit gekräuselten, grünen Blättern wächst hier ebenso Grünkohl mit glatten und auch bunten Blättern.

Grünkohl kommt ursprünglich aus dem Mittelmeerraum, berichtet Deutschlands vielseitigster »Grünkohldoktor«. Er stammt, wie unsere anderen Zuchtformen des Gemüsekohls auch, von wilden Kohlformen ab. Diese wachsen heute noch im Mittelmeerraum und an der Atlantikküste von Spanien bis Südengland sowie auf Helgoland. Gesicherte Überlieferungen einer Urkohlart mit krausen Blättern stammen aus dem Jahr 400 v. Chr. Die Griechen und auch die Römer haben im 3. Jahrhundert v. Chr. dem heutigen Grünkohl ähnliche Pflanzen angebaut. Einer der frühesten Beweise für den Anbau des Grünkohls in Deutschland ist eine Abbildung des Botanikers Leonhart Fuchs aus dem Jahr 1543.

Die Nachkommen dieser Kohlformen haben sich mittlerweile auf der ganzen Welt ausgebreitet und durch Kreuzungen zu verschiedenen Sorten entwickelt. Wie der Weg des Grünkohls genau verlaufen ist, kann auch die Forschung heute leider nicht mehr nachvollziehen. Es gibt aber Sorten, die nachweisbar direkt aus Ostfriesland stammen. Wie kann man überhaupt einen Grünkohl-Stammbaum erstellen? Dazu sagt Christoph Hahn: »Wir isolieren die DNA, also das Erbgut der Grünkohlpflanzen, aus den Blättern und analysieren sie im Labor dann so, dass wir Daten erhalten, die wir am Computer weiterbearbeiten können. Damit versuchen wir Verwandtschaftsbeziehungen zu rekonstruieren, ähnlich einem Stammbaum. Wir wollen herausfinden, wie sich Sorten entwickelt haben und wie regionale Vielfalt zustande gekommen ist. Man kann sich das wie eine Art Netzwerk der Grünkohlsorten vorstellen. Innerhalb des Netzwerks finden sich Gruppierungen einzelner Sorten. Diese Verwandtschaftsgruppen sind dabei oft herkunftsabhängig.«

Im Labor untersucht Christoph Hahn zum einen, wie sich die verschiedenen Sorten in ihren Inhaltsstoffen unterscheiden: »Einen besonders ausgewogenen Mix gesunder Inhaltsstoffe haben wir bisher eher in norddeutschen beziehungsweise krausen Sorten gefunden. Amerikanische Sorten haben besonders viele (auch gesunde) Bitterstoffe, sind dadurch aber auch recht herb. Italienischer Grünkohl hingegen hat nur sehr geringe Mengen, was ihn sehr geschmackvoll macht, sodass er sich zum Beispiel besonders gut roh verzehren lässt.«

Apropos roh verzehren: Um möglichst viele der gesunden Inhaltsstoffe zu erhalten, ist es nicht unwichtig, sich auch mit der Verarbeitungsweise von Grünkohl auseinanderzusetzen. Temperatur und Kochdauer spielen eine entscheidende Rolle. Eine rohe Verarbeitung, wie im Smoothie oder Salat, ist mit Blick auf die Inhaltsstoffe immer vorzuziehen. Die nächstschonende Verarbeitungsmethode ist das Blanchieren, das bedeutet, den Grünkohl kurz in kochendes Wasser zu geben. Laut vorhandenen Studien dazu sollten bei einer möglichst kurzen Kochzeit die meisten guten Inhaltsstoffe erhalten bleiben. Das beliebte gut durchgekochte Grünkohlgericht mit viel Fett ist leider die Verarbeitungsvariante, bei der die meisten Inhaltsstoffe verloren gehen.

Darüber hinaus interessiert Christoph Hahn, wie sich die Inhaltsstoffe durch den Einfluss der Kälte sowie durch die Fraßfeinde draußen auf

dem Feld in der rohen Pflanze verändern. Dazu setzt er beispielsweise gezielt Raupen an seinen Grünkohl, lässt sie dort eine Weile fressen, untersucht dann, welche Mengen an Inhaltsstoffen er in den Blättern der angefressenen Pflanzen findet, und vergleicht sie mit unversehrten Kontrollpflanzen. Im »Grünkohlgespräch« mit Dr. Hahn erfahren wir: Solange sie nicht die gesamte Pflanze befallen, kann ein gewisses Maß an Fraßfeinden sogar das gesunde Potenzial und auch den Geschmack des Grünkohls befördern!

## Grünkohlgespräch zwischen Jens Mecklenburg und Dr. Hahn

**Was interessiert Sie an Grünkohl, wie kamen Sie zum Thema?**

Jeden Tag aufs Neue spannend ist die Vielfalt, die Grünkohl bietet. Die unzähligen Sorten mit ihren verschiedenen Eigenschaften, seien es Blattfarbe, Wuchs oder ihre Aromen. Diese Vielfalt aufzuschlüsseln und Besonderes zu entdecken und hervorzuheben, das macht den besonderen Reiz aus. Ich bin immer auf der Suche nach weiteren, mir bisher unbekannten Sorten, speziell alten, regionalen Landsorten. Diese befinden sich oft seit Jahrzehnten in Familienhand, sind von Generation zu Generation weitergegeben worden und zeigen oft die interessantesten Eigenschaften. Als Vorreiter ist hier Reinhard Lühring zu nennen, Landwirt aus Rhauderfehn in Ostfriesland, der sich für den Erhalt alter Gemüsesorten einsetzt und einige Dutzend alte, regionaltypische Grünkohlsorten zusammengetragen hat.

**Wie viele Sorten gibt es?**

Weltweit gibt es ca. 130 bis 160 verschiedene Sorten, die alle essbar sind. Genauere Zahlen sind schwer zu nennen, da es viele Land- sowie Haus- bzw. Erhaltersorten gibt, die oft nur auf kleine lokale Standorte begrenzt sind und dort angebaut werden. Verschiedene Sorten unterscheiden sich bereits optisch in Wuchs (von niedrig bis mannshoch), Krausigkeit und Blattfarbe (es gibt z. B. auch rote Grünkohlsorten), aber auch beim Geschmack (mild, nussig, bitterer) und den Inhaltsstoffen gibt es zum Teil große Unterschiede.

**Welche geschmacklichen Unterschiede gib es?**

Hauptsächlich für den Geschmack verantwortliche Stoffe in der Pflanze sind die herb-bitter schmeckenden Senföle, also die Glucosinolate, die maßgeblich für den typischen Kohlgeschmack sind, sowie Phenole und verschiedene Zucker in den Blättern. Der Anteil und die Zusammensetzung dieser Stoffe variiert je nach Grünkohlsorte, kann aber auch zu verschiedenen Jahreszeiten unterschiedlich sein.

**Wie lassen sich die Unterschiede beschreiben?**

Es ist so gut wie das gesamte aromatische Spektrum möglich, von stark-herb und kohlig über vollmundig-nussig bis hin zu mild und süßlich. Für jede persönliche geschmackliche Vorliebe sollte sich eine Grünkohlsorte finden lassen. Besonders spannend ist es, verschiedene Sorten roh nebeneinander zu verkosten. Dann kommen die individuellen Aromen besonders gut zur Geltung.

**Braucht Grünkohl Frost?**

Nein, Frost braucht Grünkohl nicht, bevor man ihn ernten kann. Allerdings ist diese Annahme auch nicht komplett falsch, denn der Faktor Temperatur spielt in der Tat eine entscheidende Rolle beim Geschmack. Aber was passiert da eigentlich? Mit kälter werdenden Tagen produziert die Pflanze mehr Zucker, als sie für ihren Stoffwechsel verbraucht, und speichert ihn in ihren Blättern. Dies passiert, sobald die Temperaturen unter ca. 10°C fallen. Der verlangsamte Stoffwechsel und die weiterhin aktive Zuckerproduktion durch die Fotosynthese führen zu einer Anreicherung. Die Pflanze sorgt darüber hinaus für die Bildung ganz bestimmter Zuckermoleküle, die sie zum Schutz ihres Fotosyntheseapparats benötigt und in ihre Zellen und Zellmembranen einlagert. Dabei reichern sich nicht alle Zuckerarten gleichermaßen an, wie wir in einer kürzlich durchgeführten Studie zeigen konnten. Einige werden unter Kälte auch abgebaut und von der Pflanze zur Herstellung von Vitamin C genutzt – was den Verbraucher natürlich ebenfalls freut. Dies alles passiert aber schon lange vor dem ersten Frost, sobald niedrige Temperaturen über einen längeren Zeitraum herrschen. Der Glaube, Grünkohl bräuchte vor der Ernte Frost, rührt aus früheren Zeiten und der richtigen Beobachtung der Menschen, dass nach kalten Tagen der Grünkohl viel süßer und angenehmer schmeckte. Und um einen konkreten Anhaltspunkt für die Ernte zu haben, wurde der erste Frost ausgemacht und bis heute überliefert.

**Gibt es bei Grünkohl Besonderheiten, die bei anderen Kohlsorten nicht zu finden sind?**

Das charakteristische Merkmal von Grünkohl, mit dem er sich von anderen Kohlsorten unterscheidet, sind die krausen Blätter. Des Weiteren sind Grünkohl und Rosenkohl die einzigen Kohlsorten, die winterhart sind. Alle anderen Sorten überstehen in der Regel einen frostig-nasskalten Winter nicht (ausgenommen der mehrjährig wachsende Wildkohl). Weitere Besonderheiten von Grünkohl sind ein vergleichsweise hoher Gehalt gesundheitspositiver Stoffe wie die Abbauprodukte der Glucosinolate (hier kann Grünkohl locker mit Brokkoli mithalten, der ebenfalls eine große Menge dieser Stoffe besitzt) sowie ein sehr hoher Vitamin-C-Gehalt, der nicht nur um ein Vielfaches höher ist als zum Beispiel bei einer Zitrone, sondern bei einigen Grünkohlsorten sogar sehr nah an rote Paprika heranreicht, das Vitamin-C-reichste Gemüse unserer Küche.

**Warum wird Grünkohl vor allem in Norddeutschland angebaut und gegessen?**

Dass man Grünkohl vor allem in Norddeutschland findet, hängt vor allem mit klimatischen Faktoren und der Trockenheitsempfindlichkeit der Pflanzen zusammen. Im Süden herrscht im Winter eine trockenere und extremere Kälte als im von ozeanischem Klima geprägten milderen Norden Deutschlands. Der jahrhundertelange Anbau von Grünkohl als frisches und wohlschmeckendes Wintergemüse hier im Norden ist auch die Grundlage für die ausschließlich hier alljährlich zelebrierte Grünkohltradition mit Kohlfahrten und geselligen Grünkohlessen.

**Gibt es beim Grünkohl noch offene (wissenschaftliche) Fragen, mit denen Sie sich in Zukunft beschäftigen wollen?**
Aber sicher, Grünkohl bietet ein unglaublich großes wissenschaftliches Potenzial. Eine dieser Fragen beschäftigt sich mit den Fraßfeinden von Grünkohl, den Kohlweißlingsraupen. Es ist bekannt, dass Kohlpflanzen sich gegen Fraßbefall mit der Produktion von Abwehrstoffen wehren, darunter den bekannten Glucosinolaten. Uns interessiert, inwieweit unterschiedliche Sorten sich womöglich auch unterschiedlich gut verteidigen können. Oder anders gesagt: Welche Abwehrstoffe werden in welchem Ausmaß von den Grünkohlsorten produziert? Dieses Wissen könnte man praktisch anwenden, um die gesundheitsförderlichen Stoffe in den Blättern anzureichern, indem man die Pflanzen dazu bringt, diese Stoffe gezielt zu produzieren.
Bei einem anderen Aspekt begeben wir uns in die Perspektive des Fraßfeinds, in diesem Fall Schnecken, und untersuchen, ob diese eine Präferenz für eine bestimmte Grünkohlsorte haben bzw. Grünkohl anderem Futter vorziehen, wenn sie die Wahl haben.
Darüber hinaus strengen wir Kooperationen mit Grünkohlzüchtern und -vermarktern an, um Grünkohl mit Blick auf ressourcenschonende Bedingungen im Ökolandbau und sich veränderndes Klima zu bearbeiten. Agronomische Merkmale, gesundheitsfördernde Inhaltsstoffe, Sensorik, Geschmack und Lebensmittelqualität stehen dabei im Vordergrund – und auch die Verbraucherperspektive spielt eine wichtige Rolle.
Nicht zuletzt ist aber der Erhalt der Biodiversität, sprich der Sortenvielfalt bei Grünkohl, von großer Wichtigkeit. Der Verlust alter, regionaltypischer Sorten bedeutet auch Verlust charakteristischer Eigenschaften und Angepasstheit an Standorte. Teil unserer Forschung ist es deshalb auch, die bisherigen Erkenntnisse zu nutzen und neue Grünkohlsorten zu züchten, die mehrere gute Eigenschaften bestehender Sorten (vor allem alter, regionalhistorischer und unbekannterer Sorten) in sich vereinen – also im besten Fall gleichzeitig einen besonders gesunden Inhaltsstoffmix aufweisen, gut schmecken, attraktiv aussehen, robust, widerstandsfähig und leicht anzubauen sind. Dies wird dann die Oldenburger Palme sein, die Grünkohlsorte für Oldenburg.

## Bewahrer der Vielfalt: Saatgutzüchter und Archivar Reinhard Lühring

Mit der zunehmenden Industrialisierung ging die Sortenvielfalt zurück. Während früher in den heimischen Gärten viele verschiedene Gemüsesorten angebaut wurden, findet man heute nur noch wenige, die zumeist auf Ertragsreichtum, Schädlingsresistenz und gleichförmiges Wachstum gemünzt sind. Diverse Geschmacksrichtungen oder lokales Artenvorkommen wird dabei oft nicht berücksichtigt.

Bei Kartoffeln und Kürbissen kennen die meisten Menschen noch unterschiedliche Sorten, beim Grünkohl sieht es schon anders aus. Welcher Kohl genau im Topf ist und zwei Stunden geschmort wurde, ist für viele unerheblich. Dabei ist der Grünkohl divers in Optik und Geschmack. Wer auf Vielfältigkeit Wert legt, kauft deswegen klein, lokal und fragt nach der Sorte und ihren Eigenschaften.

Eine gute Anlaufstelle für Grünkohl-Gourmets, die gerne selbst das Kreuzblütengewächs anbauen, ist das ostfriesische Örtchen Rhauderfehn. Hier betreibt Reinhard Lühring auf ca. 6500 Quadratmetern biologische Saatgutvermehrung und Züchtung verschiedenster Gemüsepflanzen. Allein 30 alte Grünkohlsorten baut er inzwischen an. »Ich entdeckte irgendwann meine Lust und Leidenschaft für die verschiedenen Gemüsepflanzen. Besonders der Grünkohl hatte es mir angetan, da er das ganze Jahr über verwendbar und extrem vielseitig ist«, so Lühring. 1998 begann der Landwirt in Gärten und Höfen nach alten Landsorten zu suchen und das entsprechende Saatgut zu sammeln. Ihn faszinieren die Farben der verschiedenen Sorten, die durchaus nicht alle nur grün, sondern je nach Spezies auch rötlich, mintfarben oder bläulich sind. Ebenso die Struktur der Blätter, die von klein- oder großkrausig bis hart und weich-

blättrig variiert. Je nach Sorte und Länge des Wachstums werden die Grünkohlpflanzen bis zu 1,80 Meter hoch. Seine Lieblingssorte ist die Rote Palme, die rot-bläulich und im Geschmack sehr mild ist. Auch, so erklärt Lühring, begeistere ihn die Nutzbarkeit dieses Kohlgemüses. »Es gibt keine andere Gemüsesorte, die so vielseitig verwendbar ist.«

Im industriellen Grünkohlanbau geht es vornehmlich um Ertrag und Homogenität. Alte Grünkohlsorten können da nicht gegen die neuen Züchtungen gewinnen, doch dafür punkten sie mit Variantenreichtum und vielfältigem Geschmack. Doch dies ist nicht der einzige Grund, warum alte Sorten bewahrt und kultiviert werden sollten. Durch die Kreuzung und Bewahrung verschiedener alter Sorten kann Krankheiten vorgebeugt werden. Unterschiedliche Sorten haben unterschiedliche Bedürfnisse und lassen sich so besser in bestimmten Regionen kultivieren. Teilweise sind die alten Landsorten auch widerstandsfähiger – beispielsweise gegen Schädlinge. »Wenn Viren oder Seuchen kommen, brauchen wir alte Landsorten, in denen Resistenzeigenschaften enthalten sind, die den industriellen Hochleistungssorten oft fehlen. Mit der Einkreuzung von alten Sorten oder Wildsorten kann man wieder ganz andere Eigenschaften bekommen«, erklärt Reinhard Lühring.

Er machte sich in Ostfriesland auf die Suche nach eben jenen alten Sorten. Auf alten Höfen und in Gärten fand er sie – Pflanzen, die schon seit Generationen kultiviert wurden. Mit Einwilligung der Besitzerinnen und Besitzer sammelte er ihr Saatgut, pflanzte die Sorten auf seinem Hof und erprobte so mit der Zeit die verschiedenen Geschmacksrichtungen und Bedürfnisse. Da Grünkohl, wie auch Mais oder Kartoffeln, zu den »Starkzehrern« gehört, entzieht er dem Boden insbesondere viele Nitrate. Für den regelmäßigen Anbau benötigt er daher ausgleichende Maßnahmen wie Mulchen mit stickstoffreichen Substraten sowie Düngung mit organischen Düngern.

Im Gegensatz zum industriellen Anbau wird der Beiwuchs auf Lührings Hof nicht vernichtet, denn er dient kleinen Tieren und Insekten als Unterschlupf. Außerdem wird nicht nur einmal im Jahr die Krone geerntet, sondern das ganze Jahr über die verschiedenen Teile der Pflanze. Zum Beispiel kann der verholzte Strunk aufgeschnitten werden, um an das zarte Mark zu kommen, um dieses für Pestos oder Smoothies zu verwenden. Ganz am Ende eines Grünkohllebens dient der verbliebene Rest des Grünkohls als Anmachholz. Mit dem Erhalt der alten Landsorten wird die traditionelle Vielfalt wieder nutzbar gemacht.

Über den Bio-Saatgutverbund Dreschflegel gibt Reinhard Lühring sein Wissen um die alten Grünkohlsorten weiter. Interessierte können Saatgut direkt über die Website bestellen (siehe »Grünkohltipps« im Anhang), im Frühling werden die Samen verschickt. Unter den Sorten befinden sich neben der Roten Palme auch die Ostfriesische Palme, der Ostfreeske Groenkohl, der Diepholzer Dickstrunk, Nero di Toscana und Holter Palme. Reinhard Lühring und seine Kollegen achten darauf, dass Sorten in ihrer Region bleiben, geben sie aber gerne an Menschen weiter, die zum Sortenerhalt des Grünkohls beitragen wollen. Belohnt werden alle mit vielfältigen Kohlgenüssen von süßlich-mild bis kräftig-aromatisch.

## Grünkohlsorten

Grünkohl ist nicht gleich Grünkohl. Die verschiedenen Sorten unterscheiden sich zum Teil massiv in Aussehen, Wuchshöhe, Frostbeständigkeit, Verwendung und Geschmack. Rund 130 bis 160 Sorten des Wintergemüses sind laut »Grünkohldoktor« Christoph Hahn bekannt, darunter relativ viele alte Züchtungen. Je nach Region findet man sie noch, die robusten alten Sorten, die noch nicht gegen hochoptimierte, schnellwachsende und frostunabhängige Sorten ausgetauscht wurden. »Es ist wahnsinnig wichtig, die Pflanzenvielfalt zu bewahren«, erklärt Anna-Lena Woelfert vom Museumsbauernhof Wennerstorf (Landkreis Harburg bei Hamburg). Hier werden viele verschiedene Grünkohlsorten angebaut. Besucherinnen und Besucher können ab Juli Jungpflanzen erwerben oder, später im Jahr, sortenrein

eingekochten Grünkohl. »Wir bauen hier viele alte Sorten an und kreuzen die auch, um Krankheiten vorzubeugen«, so Woelfert weiter. Doch welche Art ist besonders mild im Geschmack, als Rohkost geeignet oder ideal für den Heimanbau? Ein Überblick über die wichtigsten Grünkohlsorten.

**Blue Scotch Curl:** Eine niedrig wachsende, kompakte Sorte mit blaugrünen Blättern. Der Blue Scotch ist eine Grünkohlsorte aus den USA und dort auch bei Hobbygärtnerinnen und -gärtnern beliebt. Die krausen Blätter eignen sich hervorragend zur Herstellung von Kale-Chips.

**Frostara:** Diese robuste Sorte hat saftig-grüne, breite Blätter und wird bis zu 70 cm hoch. Sie ist frosthart und wird ab Oktober geerntet. Ihre würzigen Blätter eignen sich für die klassische Grünkohlzubereitung ebenso wie für Suppen und vegetarische Gerichte.

**Halbhoher grüner Krauser:** Diese Sorte findet sich im kommerziellen Standardsortiment. Sie hat fein gekrauste, dunkelgrüne und mittelstarke Blätter, wird 80 bis 90 cm hoch und von Mitte Oktober bis Februar geerntet – und das sehr ertragreich! Die Grünkohlsorte hat sich für den Hausgartenanbau ebenfalls bewährt und ist zum Einfrieren nach der Ernte geeignet.

**Kadett:** Die dunkelgrünen Blätter der Sorte sind sehr dekorativ, der Kohl wird etwa 60 bis 80 cm hoch. Der Kadett ist bis -22°C frosthart und übersteht somit auch den kältesten Winter in Norddeutschland. Nach dem Frost wird der Kohl zwischen Oktober und Februar geerntet.

**Lerchenzunge:** Die beliebte Grünkohlsorte aus dem Hamburger Umland weist schmale, fein gekrauste, leicht hängende Blätter auf und wächst maximal einen Meter hoch. Direkten Frost verträgt die Lerchenzunge nicht so gut, doch geschützt unter einer Schneedecke entfaltet sie ihr süßpikantes und doch mildes Aroma. Ihr Geschmack gilt als besonders hochwertig und fein, was sie zu einer der beliebtesten Grünkohlsorten macht.

*Lippische Palme, Lippischer Braunkohl*

**Lippische Palme:** Auch Lippischer Braunkohl genannt. Eine besonders hoch und kräftig wachsende Sorte aus der Region Ostwestfalen-Lippe, wo sie bereits seit 400 Jahren angebaut wird und den Beinamen »Ziegenkohl« erhielt, da die unteren Blätter des Kohls an die Ziegen verfüttert wurden. Generell wurden alle Teile des Kohls verwendet: die Wurzeln als Brennmaterial zum Garen von Schweinefutter, die unteren Blätter und der Strunk als Viehfutter, die Blattrosette für das Kohlgericht. Die Lippische Palme hat einen violetten Strunk und ist mild im Geschmack. Aufgrund ihres hohen Gehalts an Anthocyanen (roter Pflanzenfarbstoff) ist sie noch gesünder als herkömmliche grüne Sorten.

**Nero di Toscana:** Auch Schwarz- oder Palmkohl genannt. Er hat blaugrüne, dunkle, blasige Blätter und wächst halbhoch. Gegen Frost ist der Nero di Toscana nicht gefeit, was an dem Klima seiner Anbauregion liegt (v. a. Norditalien). Dafür ist der Kohl jedoch hitzeresistent und braucht keinen Frost, um sein mildes, süßliches Aroma zu entfalten – geerntet wird er deswegen bis Dezember. Durch seinen palmartigen Wuchs ist er gut für die Kübelzucht geeignet.

**Oldenburger Palme:** Dies ist eine humorvolle Bezeichnung für Grünkohl (sortenunabhängig) im Raum Oldenburg. Doch an der dortigen Universität forscht Dr. Christoph Hahn an einer Sorte, die durch Züchtung entstehen soll: »Wir wollen eine Kreuzung mit möglichst vielen positiven Eigenschaften«, so der Biologe. Die Sorte *Brassica oleracea* cv. Oldenburgia könnte in einigen Jahren auf den Markt kommen.

**Ostfriesische Palme:** Mit ihrem imposanten Strunk und einer Wuchshöhe von bis zu 1,80 Meter hat diese Sorte (»Strunkkohl«) tatsächlich etwas von einer Palme. Die Regionalsorte mit krausen Blättern aus dem nördlichen Niedersachsen ist bereits fast in Vergessenheit geraten. Hier und da wird sie von Hobbygärtnerinnen und -gärtnern, oft seit vielen Generationen, kultiviert.

**Roter Grünkohl Redbor:** Der Rote Grünkohl hat bei kälteren Temperaturen purpurne, fein gekrauste Blätter und wächst ca. 80 cm hoch. Er ist frosthart und ein absoluter Hingucker im Winterbeet. Er hat einen klassisch-würzigen Geschmack und kann roh-mariniert und gekocht eingesetzt werden. Allerdings verliert er seine rote Farbe beim Kochen.

**Red Russian:** Sorte mit violetten Stielen und dunkelgrünen, gezackten Blättern. Die Blätter sind deutlich weicher als bei anderen Grünkohlsorten. Deswegen eignet er sich (vor allem die jungen Blätter) für Salate oder ausgewachsen als Kochgemüse. Die alte Kohlsorte soll Ausgangspunkt für den amerikanischen Kale-Trend sein. Sie wurde von russischen Immigranten über Kanada nach Amerika gebracht. Laut Margot Hellmiß (»Kohl. Das gesündeste Gemüse der Welt«) züchtete ein Farmer aus Oregon aus der Kohlsorte Red Russian zahlreiche bunte Untersorten, die die Nachfrage steigerten und die Kreativität der Foodies entflammen ließ.

**Scarlet:** Die aus Osteuropa stammende Sorte hat gekrauste Blätter. Im Sommer sind diese dunkelgrün und mit Rot durchzogen, bei kühleren Temperaturen im Herbst verfärben sie sich in ein leuchtendes Rot. Diese Färbung verschwindet allerdings beim Erhitzen wieder. Der Kohl ist frostfest und sowohl zum Kochen als auch mariniert in Blattsalaten verwendbar.

**Thousand Heads:** Eine alte Sorte aus Schottland, die als extrem winterhart und widerstandsfähig gilt. Sie gehört zu den sogenannten Markstammkohlsorten, wird etwa 1,20 Meter groß und hat glatte, gelappte Blät-

*Red Russian*

ter. Sie ist die beliebteste Sorte in Schottland und England – vermutlich auch, weil sie eine der wenigen Sorten ist, die das nasskalte Klima der schottischen Highlands vertragen.

**Westländer Winter:** Halbhoch wachsende Sorte mit dunkelgrünen, krausen Blättern. Sie ist unkompliziert im Anbau und aromatisch-süßlich im Geschmack. Die frostharte Sorte wächst bis zu einen Meter hoch.

*Winnetou*

**Winnetou:** Eine grob gekrauste, dunkelgrüne Sorte mit stabilem Strunk, die in Norddeutschland beheimatet ist. Der Kohl wächst bis 80 cm hoch und ist sehr frosthart. Diese Sorte findet man vor allem in klassischen Grünkohlgerichten.

# GRÜNKOHL-REZEPTE

## Praktisches Küchenwissen, traditionelle und moderne Rezepte

## Praktisches Küchenwissen

Grünkohl kochen? Viel zu aufwendig! Immer wieder geistern Horrorgeschichten durch den Freundes- und Verwandtenkreis. Von ganzen Badewannen, die mit Kohlblättern gefüllt waren, vom stundenlangen Putzen und dem genauso langen Kochen. Heutzutage gibt es frischen Grünkohl bereits geputzt, damit ist er quasi küchenfertig. Nur kurz blanchiert, gebraten oder frittiert ist er geradezu ein »Fastfood«.

**Einkauf** Grünkohl ist, vor allem im norddeutschen Raum, in vielfältiger Ausführung zu kaufen. Frisch gepflückt in ganzen Blättern; schon geputzt, blanchiert und schockgefrostet; in Dosen beziehungsweise Gläsern eingekocht oder in Fertiggerichten wie Grünkohleintopf mit Mettenden und Kartoffeln. Für die superschnelle Küche mag Grünkohl in Dosen und Gläsern ein Mittel der Wahl sein. Für den klassischen gekochten Grünkohl nebst Fleisch und Kartoffeln ist auch tiefgefrorener Kohl eine Option – er ist meist bereits gehackt, blanchiert und portionierbar.

Doch wer die Grünkohlküche kennenlernen, vielleicht verschiedene Geschmäcker erproben und moderne Gerichte zubereiten möchte, sollte stets zu frischem Kohl greifen. Diesen gibt es in Supermärkten, auf Wo-

*Norbert Bosse und Katrin Jon ernten Grünkohl auf dem Hof Medewege*

chenmärkten, in Hofläden und direkt bei den Produzentinnen und Produzenten. Gerade bei letzteren ist die Chance hoch, an Sorten wie die schmackhafte Lerchenzunge oder die Lippische Palme zu kommen – dann bitte unbedingt zugreifen.

Beim Einkauf von frischem Grünkohl ist es wünschenswert, dass er möglichst aus der Gegend kommt. So wird die lokale Landwirtschaft unterstützt und durch kurze Wege das Klima geschont. Da das Kreuzblütengewächs möglichst rasch nach der Ernte verarbeitet werden soll, sind somit Frische und Qualität garantiert.

Es ist außerdem darauf zu achten, dass die Blätter eine schöne Färbung aufweisen und keine welken gelben Ränder oder braune Stellen haben. Frische Kohlblätter quietschen zudem leicht, wenn sie aneinander gerieben werden. Der Strunk sollte ebenfalls nicht verfärbt oder schrumpelig sein, auch das ist ein Zeichen für eine Überlagerung.

Abgesehen von offensichtlichen Gründen, die für den Grünkohlkauf aus ökologischem Anbau sprechen, hat Grünkohl aus konventionellem Anbau meist eine höhere Nitratbelastung als jener aus der Ökolandwirtschaft.

Auch der Zeitpunkt des Kaufs ist entscheidend: Normalerweise hat der Grünkohl ab Oktober/November bis in den März hinein Saison. Wird er bei milderem Klima geerntet, bleibt er herber und »kohliger« im Geschmack. Erst wenn Grünkohl über einen längeren Zeitraum vor der Ernte niedrigen Temperaturen ausgesetzt war, entwickelt er seine milde Süße. Dafür verantwortlich ist die Stärke, die sich bei Kälte in Zucker umwandelt. Vorsicht – dieser Prozess lässt sich nicht nachträglich im (Tief-)Kühlschrank simulieren.

Ist mit all diesen Aspekten der perfekte Grünkohl auf dem Markt gefunden, bleibt nur noch eines: das richtige Kalkulieren. Beim Grünkohlputzen entfallen Strunk und Stiele, außerdem fällt der Kohl beim Blanchieren in sich zusammen. Bei Grünkohl frisch vom Feld sollte deswegen für zwei Portionen zur Hauptmahlzeit mindestens 1 kg eingeplant werden.

Kauft man die Grünkohlblätter fertig gezupft im Beutel oder noch mit den Stielen als Bund, reichen 700 g für zwei Portionen. In unseren Rezepten sind, wenn nicht anders angegeben, die frischen Grünkohlblätter ohne Strunk gemeint.

**Lagerung** Frischer Grünkohl sollte nach der Ernte oder dem Kauf zügig verarbeitet werden. Er sollte außerdem nicht bei Zimmertemperatur gelagert werden, sondern im Gemüsefach des Kühlschranks. In ein feuchtes Handtuch geschlagen hält er sich um die fünf Tage.

Wenn frischer Kohl übrig geblieben oder die Ernte zu üppig ausgefallen ist, kann man ihn einfach einfrieren. Nach dem Waschen und Putzen (siehe Vorbereitung zum Kochen) wird der Kohl kurz blanchiert und grob gehackt. Anschließend kann er portionsweise eingefroren und somit ein gutes Dreivierteljahr haltbar gemacht werden.

**Vorbereitung zum Kochen** Bei Grünkohl frisch vom Feld werden zuerst die Blätter vom Strunk entfernt. Den Strunk kann man entweder wegwerfen oder, ganz in der Tradition der niedersächsischen Kohlfahrten, mit Alufolie umwickelt den Kohlroyalitäten schenken. Die Blätter werden im Anschluss gewaschen. Hierbei ist Gründlichkeit gefragt, denn im krausen Blattwerk bleibt der Sand gerne hängen, was das Kohlvergnügen doch erheblich beeinträchtigt. Danach werden die Blattstiele ganz entfernt. Hierzu schneidet man in der Blattmitte den dickeren Teil V-förmig heraus.

Je nach Zubereitungsart werden die Blätter nun kurz blanchiert, also ca. 3–5 Minuten in heißes Salzwasser gegeben, und dann gehackt, bevor der Grünkohl seinen Weg ins klassische Kohlgericht, einen toskanischen Eintopf oder in andere Gerichte findet. Er kann aber auch roh verarbeitet werden, zum Beispiel in Smoothies und Salaten. Für Salate ist es sinnvoll, die Blätter in etwas Oliven- oder Rapsöl oder Zitronensaft zu marinieren und sie ein paar Minuten zu massieren – hierdurch werden sie geschmeidiger und entfalten ihr Aroma besonders gut.

## Grünkohlrezepte

Grünkohl ist ein Tausendsassa, überzeugt in den unterschiedlichsten Zubereitungsarten und Aggregatzuständen: vom krossen Snack über Salat, Auflauf und Eintopf, als eleganter Begleiter für Meeresfrüchte und schmackhafter Füllung für Geflügel und Wild bis hin zu Eis und Smoothies. Selbst in der Pasta oder als Falafel macht er Bella Figura – auch als veganes Gericht. Einfach mal ausprobieren.

# Traditionelle Grünkohlrezepte

## Holsteiner Grünkohl

**Zutaten (für 4 Personen)**

**1,5 kg gezupfter frischer Grünkohl**
**3 große Zwiebeln**
**2 EL Schweineschmalz**
**¼ l Gemüsebrühe**
**1 geräucherte Schweinebacke**
**500 g Kassler**
**4 Kochwürste**
**Senf, Salz**
**Schwarzer Pfeffer aus der Mühle**
**1 kg Kartoffeln**
**Butter, Zucker**

**Zubereitung**

- Grünkohl gründlich waschen und in reichlich sprudelndem Wasser blanchieren, abtropfen lassen und grob hacken. Geschälte, klein geschnittene Zwiebeln in einem großen Topf mit 1 EL Schmalz andünsten, Grünkohl zugeben und alles gut verrühren. Gemüsebrühe zugießen, Schweinebacke obenauf legen und zugedeckt 30 Minuten kochen.
- Kassler zugeben und weitere 30 Minuten kochen lassen. Falls nötig, noch etwas Wasser oder Brühe zugießen. Gelegentlich umrühren (dabei kann das Fleisch herausgenommen werden, um das Umrühren zu erleichtern). Die letzten 15 Minuten die Kochwürste mitkochen lassen.
- Fleisch herausnehmen, warm stellen und den Kohl mit Senf, Salz und Pfeffer abschmecken.
- Kartoffeln in der Schale kochen, pellen und in 1 EL Schmalz braun braten. Zum Schluss Butterflocken hinzufügen und mit Zucker karamellisieren lassen.
- Grünkohl auf eine große Platte geben und Kassler und Kochwürste darauf anrichten. Kartoffeln und Senf extra reichen.

## Grünkohl nach Oldenburger und Bremer Art

**Zutaten (für 4 Personen)**
**1,5 kg Grünkohl**
**2 fein gehackte Zwiebel**
**2–3 EL Schmalz**
**ca. 3 EL Hafergrütze**
**1 TL Salz, 1 Prise Zucker**
**1 TL gestoßener Pfeffer**
**Fleischbrühe**
**250 g geräucherter Speck am Stück**
**4–6 Koch- und Pinkelwürste**
**4 Scheiben Kassler**
**1 kg Kartoffeln**

**Zubereitung**

- Grünkohlblätter von den Stielen trennen, waschen und blanchieren. Abtropfen lassen und grob hacken.
- Zwiebeln in dem heißen Schmalz andünsten und schichtweise Grünkohl, Hafergrütze und Gewürze dazugeben. Etwas Brühe dazugeben. Das Ganze 10 Minuten kochen lassen, dann gut durchschütteln, Speck zum Kohl geben und fest zugedeckt 2 bis 3 Stunden sanft schmoren lassen.
- Regelmäßig prüfen, ob noch ausreichend Flüssigkeit im Topf ist, damit nichts anbrennt.
- Pinkelwürste, Kochwürste und Kasslerscheiben erst in der letzten halben Stunde dazugeben (alternativ das Fleisch gesondert kochen).
- Ist der Grünkohl gar, Fleisch und Würste herausnehmen, anrichten und den Grünkohl abschmecken. Salzkartoffeln dazu reichen.

**Anmerkung**

- Der größte Unterschied zwischen den Kohlgerichten ist wohl der Name: In Oldenburg wird vom Grünkohl gesprochen, in Bremen vom Braunkohl. Hierfür gibt es verschiedene Theorien von alten Sorten bis zum vermeintlichen Besitzanspruch durch die BRAUNschweiger. Ansonsten unterscheidet sich die Zubereitungsart nicht, lediglich die Pinkel verfeinern die Städte anders.

## Westfälischer Grünkohleintopf

**Zutaten (für 4 Personen)**

**ca. 1,5 kg frischer Grünkohl**
**2 Zwiebeln**
**40 g Gänse- oder Schweineschmalz**
**150 g geräucherte Speckwürfel**
**ca. 1,5 Liter Rinderbrühe**
**400 g Kasslernacken**
**600 g geschälte vorwiegend festkochende Kartoffeln**
**Salz, Senf, mittelscharf, Pfeffer, Muskatnuss**
**4 westfälische Rauchenden**

**Zubereitung**

- Grünkohl von den Stielen befreien, waschen und in grobe Stücke rupfen oder schneiden.
- Zwiebeln schälen und in feine Würfel schneiden, in einem Topf mit dem Schmalz anbraten.
- Speckwürfel dazugeben und ebenfalls mitbraten. Grünkohl in den Topf geben und mit Brühe auffüllen. Kassler und Kartoffeln in ca. 1,5 x 1,5 cm große Würfel schneiden und dazugeben. Gut salzen und einen großen Löffel Senf dazugeben. Rauchenden oben auf den Eintopf legen und für ca. 1 bis 1½ Stunden bei niedriger bis mittlerer Hitze köcheln lassen, zwischendurch umrühren. Eintopf mit Pfeffer und Muskatnuss abschmecken.

*Tipp*

In manchen Familienrezepten gibt es noch einen Klecks Apfelmus oder Preiselbeermarmelade dazu.

## Lippischer Braunkohl

**Zutaten (für 3-4 Personen)**

**1,5 kg Lippische Palme in ganzen Köpfen**

**2-3 Zwiebeln (ca. 200 g)**

**1 EL Schmalz**

**Salz, Pfeffer**

**1 Ring frische Lippische Kohlwurst**

**1 EL Haferflocken**

**1 Kg Kartoffeln**

**Zubereitung**

- Kohlstrünke waschen, nur dickere Blattstiele aussortieren und in kochendem Salzwasser 5 Minuten blanchieren, abgießen. Oberste Stammspitze in kleine Würfel schneiden, Blätter mit den Stielen (nicht abstreifen wie beim Grünkohl) in kleine Streifen schneiden.
- Die Blattstiele in den Blattspreiten und Triebspitzen müssen unbedingt beigegeben werden, erst diese geben dem Braunen Kohl den besonderen Geschmack.
- Zwiebeln im Schmalz anbraten, Braunkohl zugeben, mit Wasser angießen, mit Salz und Pfeffer würzen, Kohlwurst oben auf den Braunkohl legen und bei milder Hitze etwa 1 Stunde schmoren.
- Gegen Ende der Garzeit Haferflocken einrühren, um die Flüssigkeit zu binden. Kartoffeln nach Geschmack als Salz- oder Bratkartoffeln zubereiten.

**Anrichten**

- Kohl mit Wurst und Kartoffeln servieren. Dazu wird in Westfalen gerne eine süße Obstkomponente wie beispielsweise Apfelkompott serviert.

## Nach dem Grünkohlrezept der Großmutter

**Bernd Scholz über Grünkohl:** Mich verbindet mit Grünkohl meine Großmutter. Sie war Anfang des 20. Jahrhunderts geboren und eine gute Köchin. Wenn ich an Grünkohl denke, erscheint Oma vor meinem Auge. Am Herd stehend, ein freundliches Lächeln für mich und dann ernsthaft bei der Küchenarbeit. Oma wusste immer, was sie tat, ganz besonders beim Kochen. Und diese Düfte vom grünen Kohl und die Vorfreude auf das gemeinsame Essen aller am Küchentisch!

Für mich als waschechten Mecklenburger hat der Grünkohl drei Freunde im Topf und auf dem Teller: Lungenwurst, Knacker und Kasslerkotelett!

Interessant ist: Bei unseren jungen Gästen gibt es einen feinen Unterschied. Kommen sie vom Land, bevorzugen sie die alten Grünkohltraditionen, kommen sie aus der Stadt, bevorzugen sie ihn in frischen Salaten und trendigen Bowls. Wir Köche müssen die richtige Balance zwischen Altem und Neuem finden, dann bleibt uns die Freude an Grünkohl noch lange erhalten.

**Bernd Scholz**, Jahrgang 1974, in Ludwigslust geboren, ist Koch und Gastwirt aus Leidenschaft. Er führt den Familienbetrieb Scholzens Lindenkrug in Kummer bei Schwerin. 1883 erhielt sein Urgroßvater die Genehmigung für eine »Schankwirtschaft zur Bauernstelle« durch den Großherzog Friedrich-Franz von Mecklenburg-Schwerin. 2023 feiert Scholzens Lindenkrug somit sein 140-jähriges Jubiläum.

Das Rezept für den Grünkohl mit Lungenwurst stammt von Bernd Scholz' Großmutter, die wiederum auf Schloss Wiligrad, einem Sommerschloss der Herzöge am Schweriner See, ihre Lehre als Hauswirtschafterin absolviert hat.

## Mecklenburger Grünkohl mit Lungenwurst Von Bernd Scholz

**Zutaten (für 4 Personen)**

**2 EL Gerstengrütze**
**½ l Kasslerbrühe**
**2 EL Schweineschmalz**
**3 weiße große Zwiebeln**
**2 kg grob gezupfter frischer Grünkohl**
**Salz (oder Rauchsalz)**
**grober Pfeffer**
**Zucker**
**1 EL mittelscharfer Senf**
**4 Ringe Lungenwurst**
**1 kg Kartoffeln**

**Zubereitung**

- In einem Topf die Gerstengrütze mit der Brühe ½ Stunde heiß aufquellen lassen.
- Schmalz in einen Topf geben, zerlassen und gewürfelte Zwiebeln darin glasig dünsten. Dann den gewaschenen Grünkohl dazugeben. Das Ganze mit heißer Kasslerbrühe und Gerstengrütze auffüllen. 1 Stunde kochen (simmern) lassen.
- Senf einrühren und mit Salz, Pfeffer und einer Prise Zucker abschmecken. Der Zucker soll den Geschmack unterstützen, nicht dominieren. Die Lungenwurst im Grünkohl erwärmen. Die gesondert gekochten Salzkartoffeln dazu reichen.

*Tipps*

Einmal einen großen Topf voll kochen. Nach Bedarf die Menge entnehmen, die jeweils gegessen werden soll, und in einem extra Topf erwärmen. Nicht jedes Mal den ganzen Grünkohl erneut aufkochen, er wird nicht besser davon und verliert seine wertvollen Bestandteile.

Lungenwurst: Diese Art der groben Wurst aus Schweinefleisch enthält jeweils 10 % frische Schweinelunge. Die Lunge hat für den Geschmack keine Bedeutung, ist aber für die Konsistenz des Wurstbräts wichtig.

## Traditionelles aus Groningen (Niederlande) »Ausgegraben« und übersetzt von Gabriele Haefs

### Grünkohl mit weißen Bohnen (Stamppot)

**Zutaten (für 4 Personen)**

**500 g weiße Bohnen**
**1 kg Grünkohl**
**2 kg Kartoffeln**
**100 g Schmalz, Öl oder Butter**
**Salz**
**Schwarzer Pfeffer**

**Zubereitung**

- Gewaschene Bohnen über Nacht in Wasser einweichen, mit demselben Wasser aufsetzen und bei schwacher Hitze (ca. 1 Stunde) kochen lassen, dabei am Ende etwas salzen. Wenn die Bohnen ca. 30 Minuten gekocht haben, den geputzten Grünkohl mit etwas Wasser und etwas Salz in einen zweiten Topf geben.
- Die geschälten Kartoffeln darauflegen und beides zusammen kochen lassen (etwa ½ Stunde). Bei Bedarf das Wasser am Boden des Topfes auffüllen.
- Den gekochten Kohl mit Kartoffeln und Fett oder Butter pürieren. Falls die Mischung zu trocken ist, einen Schuss Bohnenwasser hinzugeben.
- Die aus dem Topf geschöpften Bohnen mit einer Schaumkelle locker unterrühren und das Gericht mit schwarzem Pfeffer abrunden.

## Grünkohlpudding (Mouspudding)

**Zutaten (für 4 Personen)**

**1 kg Grünkohl**

**1 Stück Butter oder Schmalz**

**2 Scheiben altbackenes Weißbrot**

**1–2 Eier**

**3 TL gekörnte Brühe**

**200 g Hackfleisch**

**1 TL Salz**

**etwas geriebene Muskatnuss**

**1 kg Kartoffeln**

**Zubereitung**

- Grünkohl von den Blattstielen befreien, mehrmals waschen und in etwas Wasser mit Salz weich kochen. In einem Sieb gut abtropfen lassen, fein hacken und mit etwas Butter oder Schmalz ganz trocken dünsten.
- Weißbrot in Wasser einweichen, gut ausdrücken, mit aufgeschlagenen Eiern, gekörnter Brühe, Muskatnuss, geschmortem Kohl, Hackfleisch und Salz vermischen. Masse in eine mit Butter eingestrichene Puddingform geben und ca. 1 Stunde im Wasserbad kochen.

**Anrichten**

- In einer Schüssel auf einer vorgewärmten Platte anrichten und mit Salzkartoffeln und Senfstippe servieren.

*Tipp*

Der Pudding schmeckt auch ohne Hackfleisch lecker.

## Traditionelles aus Irland
## »Ausgegraben« und übersetzt von Gabriele Haefs

### Irischer Grünkohleintopf (irisch: Cál Ceannan, englisch: Colcannon)

**Zutaten (für 4 Personen)**
**1 kg geschälte Kartoffeln**
**300 g Grünkohl**
**100 g Butter**
**Salz**
**frisch gemahlener schwarzer Pfeffer**
**½ l Milch**

**Zubereitung**

- Den Grünkohl waschen, von den Stielen befreien und fein schneiden. Kartoffeln in einem bedeckten Topf in gesalzenem Wasser kochen, bis sie weich sind.
- Gleichzeitig den Grünkohl kochen: Einen dicken Stich Butter und 2 Esslöffel Wasser in einem Topf mit Deckel erhitzen. Wenn die Butter geschmolzen ist, Grünkohl samt einer Prise Salz hinzugeben. Deckel darauflegen, gründlich schütteln und 1 Minute auf höchster Stufe kochen. Topf abermals schütteln und noch 1 Minute kochen lassen. Flüssigkeit abgießen, Grünkohl dann mit Pfeffer würzen.
- Von den Kartoffeln die Flüssigkeit abgießen, Milch hinzugeben und ein glattes Püree daraus machen. Dann Grünkohl und restliche Butter hinzugeben. Nach Belieben mit Salz und Pfeffer würzen.

*Tipp*

Cál Ceannan schmeckt zu jeder Art Fleisch, früher wurde es zumeist mit gebratenem durchwachsenem Speck serviert.

# Moderne Grünkohlrezepte

## Vorspeisen

## Vom NDR ins eigene Café

**Zora Klipp über Grünkohl:** Mit Grünkohl verbinde ich die kälteren Jahreszeiten und deftige Gerichte. So, wie man es traditionell bei uns im Norden mag, mit Pinkel, Kassler und karamellisierten Kartoffeln, bringe ich es auch immer mit großen Familien- und Freundeskreisen in Verbindung. Draußen ist es eisig, alle sitzen an einer großen Tafel, jeder hat ein schönes Bier vor sich, und der Grünkohl dampft aus großen Schalen in der Mitte des Tisches. Am liebsten mag ich Grünkohl klassisch eingekocht als traditionelles Gericht oder frisch verarbeitet wie Mangold oder Spinat zu Fisch, in Suppen, als Füllungen.

Grünkohl ist das Superfood des Nordens und hat noch viel Potenzial außerhalb des deftigen Eintopfs. Ob in Smoothies oder in Suppen, Grünkohl muss die Runde machen. Hier gilt es einfach, die Menschen mit tollen, kreativen Rezepten zu versorgen und über die wunderbaren Eigenschaften von Grünkohl zu informieren. Da geht noch was!

**Zora Klipp** ist Köchin, Moderatorin, Kochbuchautorin und Café-Betreiberin. Sie machte eine Ausbildung zur Köchin und sammelte danach erste Berufserfahrung. Dann reiste Klipp als Au-Pair und Backpackerin unter anderem nach Schweden, Südamerika und Spanien. Im Anschluss studierte sie Tourismusmanagement. Nach einem Anruf aus dem Kliemannsland fand sie sich vor der Kamera als Moderatorin des YouTube-Formats »Koch ma!« wieder. Es folgten ihre eigene NDR-Koch-Show »Zora kocht's einfach« und Auftritte in weiteren TV-Formaten. Gemeinsam mit ihren Geschwistern betreibt Zora Klipp die Weidenkantine in Hamburg. In den letzten Jahren veröffentlichte sie drei Kochbücher mit ihren Rezeptkreationen.

## Spicy Kale-Chips mit veganer Aioli
## Von Zora Klipp

**Zutaten**

**Für die Chips:**

**500 g frischer Grünkohl**
**100 ml geschmacksneutrales Öl**
**½ TL geräuchertes Paprikapulver**
**½ TL Cayennepfeffer**
**Salz, Pfeffer**

**Für die Aioli:**

**1 Knoblauchzehe**
**70 ml Sojamilch**
**½ TL grobkörniger Senf**
**200 ml Speiseöl**
**Salz, Pfeffer**
**etwas Schnittlauch**

**Zubereitung**

- Grünkohlblätter gründlich waschen und in Chipsgröße zerrupfen. Dabei den Stiel entfernen.
- Ofen auf 180°C Ober-/Unterhitze vorheizen. Grünkohl in eine große Schale geben und mit Öl und Gewürzen vermengen.
- Auf ein mit Backpapier belegtes Backblech verteilen und ca. 20 Minuten im Ofen backen.
- In der Zwischenzeit die Aioli zubereiten. Hierzu Knoblauchzehe schälen und mit Sojamilch und Senf in ein hohes Gefäß geben. Mit dem Pürierstab einmal durchjagen. Nun unter Pürieren das Öl langsam einfließen lassen. Anschließend mit Salz und Pfeffer würzen, Schnittlauch in feine Ringe schneiden, dazugeben und alles gut verrühren.

**Anrichten**

- Die erkalteten Kale-Chips in eine Schüssel füllen und mit der Aioli zum Dippen servieren.

## Direkt aus der Grünkohl-Hauptstadt

**Malte Ibbeken über Grünkohl:** Ich verbinde Grünkohl mit Heimat. Als geborener Norddeutscher aus der schönen Wesermarsch bin ich mit unserem Heimatkohl aufgewachsen und freue mich jedes Jahr aufs Neue, wenn der erste Frost vorbei ist und die Saison endlich eingeläutet wird. Traditionell gab es früher den ersten Grünkohl des Jahres immer bei Oma: klassisch mit Kartoffeln, Pinkel, Kochwurst, Kassler und Senf. Erst während meiner Ausbildung zum Koch lernte ich den Kohl in seiner ganzen Vielfalt kennen, und es wurden weitere Variationen ausprobiert. Ich habe Grünkohl schon in vielen Gerichten verarbeitet, auch als Eis und zum Dessert.

Da wir in der Grünkohl-Hauptstadt Oldenburg Zugriff auf viele Sorten haben, kann ich den Kohl ganz unterschiedlich verarbeiten. Jede Sorte bekommt ihr eigenes Gericht, schmeckt doch jede Sorte ein wenig anders. Kurzum, ich bin Grünkohlfan, und er ist neben Spargel mein Lieblingsgemüse.

**Malte Ibbeken** 1993 in Berne geboren, lebt und arbeitet Malte Ibbeken in Oldenburg. Seit 2016 betreibt der gelernte Koch und Ausbilder mit seiner Frau Clarissa die Firma Die Geschmacksträger – Catering & Kaiserküche – Restaurant. In seinem Restaurant nehmen Nachhaltigkeit und Saisonalität einen großen Stellenwert ein. So verarbeitet er nach Möglichkeit das gesamte Tier, greift auf Saisonprodukte zurück und passt seine Menüs dementsprechend an. Diese Menüs werden vor den Augen der Gäste in der offenen Küche im Zentrum des Speiseraums zubereitet.

## Grünkohlsalat
## Von Malte Ibbeken

**Zutaten (für 4 Personen)**

**1,5 kg Grünkohl**
**200 ml heller Essig**
**200 ml Öl (z. B. Sonnenblumen- oder Traubenkernöl)**
**70 g Zucker und noch eine Prise mehr**
**70 g Senf**
**½ TL Salz**
**etwas frisch gemahlener weißer Pfeffer**
**etwas gemahlener Kümmel**

**Zubereitung**

- Grünkohlblätter von den Stielen befreien, gründlich waschen und in der Salatschleuder schleudern.
- Anschließend Grünkohl mit Essig, Öl, Zucker und Senf in einer Schüssel ordentlich durchkneten. Mit Folie abdecken und mindestens **3 Stunden** im Kühlschrank marinieren (optimal über Nacht). Nach dem Marinieren den Grünkohlsalat mit Salz, Pfeffer und Zucker abschmecken.

*Tipp*

Der Salat ist vielseitig einsetzbar: ob als Beilage zu etwas Gebratenem oder als Salat auf einem Burger mit dünnen Kasslerscheiben und einer Zwiebelmarmelade. Auch gemischt mit anderen Zutaten lässt er sich hervorragend genießen. Mein Favorit: Den Salat mit Granatapfelkernen mischen und guten Fetakäse darüberbröseln.

## Grünkohl-Snack
## Von Malte Ibbeken

**Zutaten (für 4 Personen)**

**250 g junge Grünkohlblätter**
**150 g Naturjoghurt**
**2 TL heller Essig**
**1 TL Honig**
**1 TL Senf**
**Prise Salz**

**Zubereitung**

- Grünkohlblätter waschen und gut abtropfen lassen. Anschließend in einem Topf ca. 1,5 l Wasser aufkochen, die Grünkohlblätter kurz darin blanchieren und anschließend in kaltem Wasser abschrecken. Abtropfen lassen.
- Honig, Senf und Essig in einer Schale mischen, Joghurt einrühren und mit etwas Salz abschmecken. Blätter in den Joghurt-Dip tunken und genießen.

*Tipp*

Die jungen (ersten) Grünkohlblätter eignen sich hervorragend als Barfood, aber auch als eine kleine Vorspeise oder als Snack zu einer Brotzeit.

**Variation mit Grünkohl-Chips**

- Ein Backblech mit Backpapier auslegen, gewaschene Grünkohlblätter darauf verteilen und mit etwas Olivenöl und Salz bestreuen. Anschließend im vorgeheizten Ofen bei 180°C Heißluft ca. 10 Minuten im Ofen knusprig rösten. Die Chips ebenfalls in den Dip tunken und genießen.

## Landgasthof, aber zeitgemäß

**Bernd Ratjen über Grünkohl:** Ich verbinde mit Grünkohl den Winter bei uns im Betrieb in meiner Kindheit und Jugend. Alles hat nach Grünkohl und geräuchertem Schweinefleisch geduftet. Im November ist das ein schöner Duft, im März dann nicht mehr so ... Den klassisch zerkochten Grünkohl schätze ich sehr, persönlich gefallen mir aber schonendere Zubereitungen, bei denen es mehr um den Grünkohl geht als um das Fleisch, besser. Grünkohl ist sehr gesund, hat aber auch eine sehr feste Struktur. Bei der Zubereitung kommt also darauf an, ihn durch Kneten oder Kochen geschmeidig zu bekommen, damit aus dem Kohl ein Genuss wird. Außerdem sollte man Grünkohl kräftig würzen beziehungsweise mit starken Aromen kombinieren.

Grünkohl hat ein großes Potenzial für die Zukunft, gerade auch für eine vegetarische Ernährung. In meiner Küche ist Grünkohl im Winter unverzichtbar. Er ist regional und saisonal, und genau so machen Herbst und Winter Spaß.

**Bernd Ratjen** 1999 machte der Uetersener eine Ausbildung zum Koch im Hotel Waldschlösschen in Schleswig, danach verbrachte er eine Saison im Grand Hotel Regina in Grindelwald (Schweiz) und hatte ein Engagement im Ristorante Acquarello in München.
Zurück im Norden zog es ihn dann nach Hamburg, wo Ratjen im Park Hyatt Hotel im Apples und als Sous-Chef im Fillet of Soul in den Deichtorhallen arbeitete. Im September 2009 ging es zurück in den elterlichen Betrieb, wo Ratjen gemeinsam mit seiner Schwester den traditionellen Landgasthof Zur Erholung in Uetersen zu dem umgestaltet hat, was er sich unter einem zeitgemäßen Gastronomiebetrieb vorstellt.

## Grünkohlsalat mit Feigendressing, marinierten Sauerkirschen und Birnenspalten Von Bernd Ratjen

**Zutaten (für 4 Personen)**

**Für den Grünkohlsalat:**

**150 g Feigen, getrocknet**
**½ Zwiebel**
**1 Knoblauchzehe**
**2 EL grober Senf**
**60 ml heller Balsamico**
**450 ml Gemüsebrühe**
**etwas Salz und Pfeffer**
**Zucker**
**300 ml Rapsöl**
**800 g Grünkohl**

**Für die Sauerkirschen in Essig:**

**1 l Essig nach Wahl**
**200 g Zucker**
**3 Gewürznelken**
**1 Zimtstange**
**1 Prise geriebene Muskatnuss**
**1 kg Sauerkirschen**

**Für die Birnenspalten:**

**1 große Birne**
**etwas Feigendressing**
**Meersalz, Pfeffer**

**Zubereitung**

- Die in diesem Rezept zubereiteten Kirschen benötigen etwa 3 Wochen, um ihr geschmackliches Optimum zu erreichen. Sie können allerdings auch schon nach einer Woche verzehrt werden. Eine schnelle Alternative zu den Essigkirschen wären beispielsweise Granatapfelkerne.

**Grünkohlsalat:**

- Getrocknete Feigen 5 Minuten in kochendem Wasser blanchieren. Zwiebel, Knoblauch, Senf, Balsamico, Feigen, Brühe und Gewürze mit einem Pürierstab mixen, dann langsam Rapsöl dazugeben und zum Schluss noch einmal abschmecken.
- Eine kleine Menge für die Birnenspalten zurückbehalten.
- Grünkohl waschen, putzen, Stiele entfernen und Blätter in mundgerechte Stücke zupfen. Dressing unter den Kohl heben und so

lange kneten, bis er einen schönen Glanz bekommt. Den Grünkohl unbedingt roh verarbeiten, das gibt diesem Gericht seinen unverwechselbaren Charakter.

**Sauerkirschen in Essig:**

- Alle Zutaten bis auf die Sauerkirschen in einen Topf geben und kräftig aufkochen lassen.
- In der Zwischenzeit Kirschen waschen, abtrocknen, mit einer Gabel einstechen und mit dem heißen Sud übergießen.
- Zugedeckt 2 Tage ziehen lassen.
- Nun die Kirschen aus dem Sud nehmen und diesen erneut aufkochen lassen. Kirschen wieder mit dem Sud übergießen und erneut 2 Tage ziehen lassen.
- Das Prozedere noch einmal wiederholen, anschließend Kirschen in Gläser füllen, mit dem heißen Sud übergießen und geschlossen einlagern. Sie sollten 2 Wochen im Glas dunkel und kühl gelagert ziehen.

**Alternative:**

- Schalotten anschwitzen, Zucker, Salz, Pfeffer zugeben, mit Apfelessig und Rotwein ablöschen und auf die Hälfte einreduzieren. Die entsteinten Sauerkirschen dazugeben und 1 Minute mitköcheln lassen und sofort servieren.

**Birnenspalten:**

- Birnen schälen, entkernen, in Spalten schneiden und in einer heißen Pfanne ohne Fett kurz anbraten.
- Dann mit einem Schuss Dressing ablöschen, nach Belieben mit Meersalz und Pfeffer würzen und kurz einköcheln lassen. Zum Schluss den Salat mit Birnenspalten und Kirschen garnieren und servieren.

## Sauwetter, Grünkohl & Tee mit Rum

**Mario Büsch über Grünkohl:** Mit Grünkohl verbinde ich Spaziergänge bei kaltem Wetter und bei Sauwetter und das Grünkohlessen und einen Tee mit Rum danach. Ich bevorzuge den Kohl klassisch-deftig, aber auch als Smoothie, solange es ihn frisch gibt. Am besten schmeckt mir der Kohl nach längerem Stehen beziehungsweise Aufwärmen.

Grünkohl ist ganz klar ein Superfood: Mehr Vitamine und Mineralien geht nicht, und dazu wächst er vor der Nase und muss nicht importiert werden. Zudem ist er auch noch unglaublich reich an Protein und sehr günstig. Er wird aufgrund seiner vielfältigen Zubereitungsmöglichkeiten in Zukunft noch mehr hypen.

**Mario Büsch** sorgt dafür, dass sich seine Gäste in Pelzerhaken, gleich in erster Reihe am Ostseestrand, in seinem »Fien tu Huus« wie zuhause fühlen. Er kocht entspannte feine Leckereien aus regionalen und saisonalen Zutaten. Er ist Mitglied bei FEINHEIMISCH – Genuss aus Schleswig-Holstein. Dass Mario Büsch jeden seiner Produzenten mit Namen kennt, zahlt sich aus – nicht zuletzt in der hervorragenden Qualität seines Menüs.

## Grünkohlsalat mit Holstein Quinoa, Wasserbüffel-Feta, Cranberrys und gerösteten Kernen Von Mario Büsch

**Zutaten (für 4 Personen)**

**Für den Salat:**

**200 g Holstein Quinoa**
**1 TL Salz**
**2 Stück Sternanis**
**½ Zimtstange**
**300 g Grünkohl, fein geschnitten**
**je 10 g frischer Koriander, frischer Dill, frische Blattpetersilie, Kürbiskerne, Cashewnüsse und Sonnenblumenkerne**
**50 g Cranberrys**
**180 g Wasserbüffel-Feta**

**Für die Vinaigrette:**

**Olivenöl**
**Himbeeressig**
**Meersalz**
**geräucherter Pfeffer**
**Piment d'Espelette**
**1 EL Orangenmarmelade**
**etwas Rotweinessig**

**Zubereitung**

- Holstein Quinoa mit Salz, Sternanis und Zimtstange in 1 l Wasser in ca. 5 Minuten garkochen und unter kaltem Wasser abschrecken.
- Grünkohlblätter waschen, von den Stielen befreien und in feine Streifen schneiden.
- Quinoa mit den Grünkohlstreifen locker vermengen. Kräuter hacken (einige Blätter zum Dekorieren zurückbehalten), Kerne anrösten und beides zusammen mit den Cranberrys unterheben.
- Aus den angegebenen Zutaten eine Vinaigrette herstellen, dazugeben und abschmecken. Salat locker anrichten und mit zerbröseltem Wasserbüffel-Feta bestreuen.

*Tipp*

Quinoa wird mittlerweile auch in Deutschland angebaut. Holstein Quinoa gibt es bei Hans-Jürgen Steinmatz in Traventhal zu kaufen (holsteinquinoa@t-online.de).

## Gesundheit und unverfälschter Geschmack

**Barbara Stadler über Grünkohl:** Mit Grünkohl verbinde ich einen unverfälschten Geschmack und Gesundheit – selbst nach dem Kochen birgt er noch sehr viel Vitamin C. Ich bin großer Fan von Kohlchips und kurzgebratenem Kohl. Vor allen Dingen sollte er nicht matschig und zerkocht sein – wie früher. Man muss den Grünkohl dreimal waschen und die harten Stiele entfernen. Dann wird er kurz blanchiert. Wenn man ihn roh verarbeitet, sollte man ihn sehr fein schneiden und mit Säure arbeiten beim Würzen. Auch Chili hat er gern. Man merkt, Grünkohl ist vielseitig und man kann ihn auch ohne großen Mengen Fleisch und Schnaps essen. Er ist mit vielem kombinierbar: Fisch, Kürbis, Tofu, Seitan. Er wächst hier, und zwar in vielen verschiedenen Sorten, die alle interessant sind.

**Barbara Stadler** liebt es, gemeinsam mit anderen zu kochen. Rezeptentwicklung ist ebenso ihre Leidenschaft wie Food-Wine-Pairing. Sie ist Aktivistin der Slow-Food-Chef-Alliance und Fernsehköchin. Als freie Köchin mit dem Fokus auf Kochschule und Teambuilding betreibt sie in Martfeld bei Bremen ein Catering-Unternehmen und ein privates Theater, in dem Kunst, Küche und Kulinarik vereint werden.

## Grünkohlsalat mit Ingwer, Quinoa und gebratenem Zanderfilet in der Kürbiskruste
## Von Barbara Stadler

**Zutaten (für 4 Personen)**

**Für den Salat:**

**50 g Quinoa**
**½ Kopf Lollo Rosso oder Endivie**
**5 Blätter Grünkohl (feine Blätter)**
**¼ Stück Fenchel**
**1 rote oder gelbe Bete**
**⅛ Rotkohl, fein geschnitten**
**2 Möhren**
**3 Stängel Petersilie**

**Für das Zanderfilet:**

**2 Zanderfilets à 250 g**
**3 geschälte mehligkochende Kartoffeln**
**100 g Hokkaido oder Muskat-Kürbis**
**1 Ei**
**2 Prisen Muskat**
**¼ TL Salz**
**2 TL Stärke, Öl zum Braten**

**Soße:**

**1 EL heller Essig, 1 EL Sojasoße**
**½ TL Zitronenabrieb**
**je nach gewünschter Schärfe eine Viertel frische, fein gehackte kleine Chili ohne Kerne**
**1 Knoblauchzehe, fein zerdrückt**
**1 Stück Ingwer (daumengroß)**
**2 EL Olivenöl**
**1 EL Nussöl, alternativ Sesamöl**
**100 ml Apfelsaft**

**Zubereitung Vinaigrette:**

- Ingwer schälen, reiben und mit der Sojasoße, Zitronenabrieb, Chili und Öl zu einer kräftigen Vinaigrette mischen. Das geht sehr gut mit dem Pürierstab. So wird es eine gute Emulsion.

**Zubereitung Salat:**

- Quinoa waschen, 8 Minuten in 100 ml Salzwasser kochen und abgießen. Die Quinoa auf einem Tuch trocknen lassen, damit sie beim Braten knusprig wird. Sie sollte körnig sein.
- Salat und Grünkohl waschen, mit einer Salatschleuder trocken schleudern. Den Grünkohl sehr fein schneiden, sonst ist er sperrig im Mund.
- Rotkohl in feine Streifen schneiden. Karotten schälen und in Stifte schneiden oder fein raspeln. Quinoa mit ein wenig Öl in einer Pfanne anrösten, so dass sie knusprig wird. Salat, Grünkohl und fein geschnittenes Gemüse mischen und Quinoa darüber streuseln.

**Zanderfilet:**

- Bei den Zanderfilets mit einer Pinzette eventuelle Gräten ziehen und die Filets längs in zwei Teile schneiden – sodass wir zwei dünne Filets haben. Die Kartoffeln fein reiben, den Kürbis ebenso reiben und diese Masse mit den Händen durch ein Sieb ausdrücken.
- Die Masse in eine Schüssel geben, das Ei hinzufügen und alles mit Muskat und Salz abschmecken. 1 TL Stärke zur Bindung untermengen. Zanderfilets salzen. 1 TL Stärke mit ein paar Tröpfchen Wasser verrühren. Die Stärke mit einem Pinsel dünn auf der weißen Seite des Fischs verteilen. Darüber eine 1 cm dicke Schicht Kartoffelmasse gleichmäßig verteilen und etwas andrücken. Öl in eine Pfanne geben und alle Filets bei mittlerer Hitze zuerst auf der Kartoffelseite so lange braten, bis die Masse langsam braun wird (7 Minuten, je nach Dicke der Filets) und die Kartoffelschicht knusprig wird. Kurz auf der anderen Seite braten. Gegebenenfalls noch einmal auf der Kartoffelseite braten – sie sollte knusprig werden wie ein Reibeplätzchen. Zander auf dem Salat anrichten.

## Sternekoch & Influencer

**Thomas Martin über Grünkohl:** Der Kohl ist ein tolles regionales Produkt. Als Saisongemüse läutet es die kalte Jahreszeit ein. Der Reiz ist, einfach etwas ganz Besonderes aus Grünkohl zu kreieren. Am liebsten bereite ich das Gemüse ganz leicht zu, in Kombination mit gebratenem Fisch. Aber auch traditionell mit klassischen Beilagen in hervorragender Qualität. Dabei ist zu beachten, dass Grünkohl immer eine Geschmackskomponente wie zum Beispiel Senf, Schalotten und Fett braucht. Für die Zukunft hat der Grünkohl ein enormes kulinarisches Potenzial. Weil wir uns immer regionaler und saisonaler bewegen mit Blick auf Klima und Energie, werden solche heimische Produkte immer mehr gefragt werden.

**Thomas Martin** Sein Koch- und Zubereitungsstil lässt sich als zeitgemäß leichte, klassische Küche mit französischem Akzent beschreiben und zeichnet sich durch Kreativität, Perfektion und Geradlinigkeit aus. Dies brachte ihm 2002 auch den Titel »Koch des Jahres« vom Gault&Millau ein. Seit 1997 prägt Thomas Martin als Küchenchef die Gerichte im Jacobs Restaurant sowie in der Weinwirtschaft Kleines Jacob in Hamburg-Nienstedten. Hierfür hielt Martin von 2000 bis 2020 zwei Sterne inne. Außerdem ist er zuständig für die Carls Brasserie und Bistro an der Elbphilharmonie in der Hamburger Hafencity. Längst steht Martin nicht nur am Herd, sondern fördert talentierte junge Köchinnen und Köche, schreibt Bücher und nutzt Social Media, um Lust auf frische regionale Küche zu machen. Erst kürzlich wurde er zu einem der wichtigsten Influencer der Kochszene gekürt.

## Bio-Lachs Café de Paris mit zweierlei Grünkohl Von Thomas Martin

**Zutaten (für 2 Personen)**

**Für die Café de Paris-Butter:**

200 g Butter, schaumig kalt bzw. weiß geschlagen
½ TL Senf
1 Msp. Tomatenmark
4 Kapern, fein gehackt
1 Sardelle, fein gehackt
1 Spritzer Madeira
½ TL Curry
½ TL Paprikapulver süß
1 TL geschnittener Estragon
1 Msp. Knoblauchwürfel
½ TL Schalottenwürfel
1 Spritzer Zitronensaft

**Für den Grünkohl:**

1 kleiner Kopf Grünkohl, geputzt und gewaschen
100 ml Sonnenblumenöl zum Frittieren der Spitzen
2 EL fein geschnittene Schalottenwürfel
5 g Butter zum Anschwitzen
100 ml Gemüsefond
Salz, Pfeffer, Muskat
20 g kalte Butterwürfel zum Vollenden

**Für die Sauce:**

1 Eigelb
30 ml weißer Balsamico
30 ml Weißwein
200 g flüssige warme Café-de-Paris-Butter
Salz
je 1 EL frisch geschnittene Petersilie, Kerbel, Estragon

**Für den Lachs:**

3 EL Sonnenblumenöl
2 schöne Mittelstücke vom Bio-Lachs à 160 g mit Haut (geschuppt)
Salz
20 g Butter
1 Zweig Thymian

**Zubereitung**

- Alle Zutaten für die Café-de-Paris-Butter miteinander vermengen und erwärmen.
- Für die Sauce Eigelb mit weißem Balsamico und Weißwein im Wasserbad aufschlagen. Langsam die warme Café-de-Paris-Butter einrühren, bis eine sämige warme Sauce entsteht. Mit Salz abschmecken. Zum Schluss die frischen Kräuter einrühren.
- Ein paar schöne Grünkohlspitzen beiseite nehmen, ca. 100 g und in Sonnenblumenöl frittieren und auf Krepppapier abtropfen lassen. Übrigen Grünkohl grob schneiden und in reichlich kochendem Salzwasser ca. 10 Minuten weich kochen. In Eiswasser abschrecken, herausnehmen, ausdrücken und fein hacken. Schalotten in Butter anschwitzen und Grünkohl dazugeben. Mit Gemüsefond ablöschen, mit Salz, Pfeffer, Muskat abschmecken und mit kalten Butterwürfeln vollenden.
- In einer beschichteten Pfanne Sonnenblumenöl erhitzen, Lachsstücke leicht salzen und auf der Hautseite einlegen. Bei mittlerer Hitze nur auf der Hautseite ca. 5 Minuten braten.
- Kurz vor dem Servieren umdrehen, Butter sowie Thymian zugeben und die Fischstücke damit übergießen.

**Anrichten**

- Das Grünkohlgemüse auf zwei vorgewärmte Teller verteilen. Mit der Café-de-Paris-Sauce umgießen. Den Lachs auf den Grünkohl setzen und die frittierten Grünkohlspitzen auf die Lachshaut setzen.

## Oberbayer mit Faible für kurzgebratenen Grünkohl

**Quirin Brundobler über Grünkohl:** Als Oberbayer war mir Grünkohl 26 Jahre komplett fremd, auf Sylt lernte ich ihn zuerst hassen und dann lieben. Klassisch gekocht mag ich Grünkohl eigentlich noch immer nicht, aber kurzgebraten, in Smoothies oder roh mariniert hingegen sehr. Am liebsten verarbeite ich die jungen Triebe und die knackigen Knospen. Diese sind kurzgebraten ein Gedicht! Mit fruchtigen Komponenten wie Apfel, Birne oder Zitrone bekommt er ein ganz anderes Geschmacksbild.

**Quirin Brundobler** hat seine Wurzeln in Bayern, wechselte nach einem kurzen Schwenk Richtung Österreich nach Sylt, wo er zunächst als rechte Hand von Jens Rittmeyer im KAI3 und danach als Sous-Chef von Jan-Philipp Berner und Johannes King im Söl'ring Hof reüssierte. Seit der Eröffnung 2020 ist Das Grace in Flensburg die Wirkstätte von Brundobler. Seine Kreationen kommen leicht und geschmackssicher daher. 2022 wurde er vom Guide Michelin mit einem Stern ausgezeichnet.

## Jakobsmuscheln mit Grünkohl, Zitrone und gerösteter Haselnuss Von Quirin Brundobler

**Zutaten (für 4 Personen)**

**Für den gebratenen Grünkohl und das Grünkohlpüree:**

**1 Bund junger Grünkohl (ca. 200 g)**
**1 große gekochte Kartoffel**
**Salz**
**Pfeffer**
**Zitronensaft**
**50 g Butterschmalz**
**Zucker**

**Für die Zitronenvinaigrette:**

**100 ml Zitronensaft**
**100 ml Apfelsaft**
**Salz**
**Zucker**
**0,3 g Xanthan**
**100 ml Rapsöl**
**50 g Grünkohl**

**Für Haselnusssalat und -creme:**

**100 g ganze Haselnüsse, geröstet**
**Salz**
**Abrieb einer Zitrone**
**1 EL Rapsöl**
**80 ml Milch**

**Für die Jakobsmuscheln:**

**6 große Jakobsmuscheln**
**50 g Butterschmalz zum braten**
**Fleur de Sel**
**200 ml Traubenkernöl zum Frittieren**

**Zubereitung**

- Grünkohl waschen und trocken schleudern. Für den gebratenen Grünkohl ca. 12 der ersten, jungen Triebe auswählen und mit einem feuchten Tuch abgedeckt beiseitestellen. Weitere 50 g Grünkohl für die Vinaigrette zurückbehalten. Übrige Blätter von den Stielen befreien und eine Minute in kochendem, gesalzenem Wasser blanchieren. In Eiswasser abschrecken, ausdrücken und mit der Kartoffel zu einem feinen Püree mixen. Mit Salz, Pfeffer und etwas Zitronensaft abschmecken. Nun in einer heißen Pfanne Schmalz erhitzen und die jungen Grünkohltriebe darin kurz anbraten. Mit Salz, Pfeffer, einem Spritzer Zitronensaft und etwas Zucker abschmecken.

- Für die Vinaigrette Zitronensaft mit Apfelsaft mischen, mit Salz und Zucker kräftig abschmecken. Mit Xanthan binden und kalt stellen.
- Rapsöl mit den zurückbehaltenen 50 g Grünkohl mixen und passieren. Vinaigrette mit diesem Grünkohl-Öl leicht verrühren.
- Für den Haselnusssalat 20 g Haselnüsse grob hacken und mit Salz, Zitronenabrieb und Rapsöl marinieren. Für die Creme restliche Haselnüsse mit Milch aufkochen und fein mixen oder mörsern.
- Die Jakobsmuscheln aus der Schale befreien und das reine Muskelfleisch lösen. Für die Chips 2 Jakobsmuscheln sehr fein hacken und durch ein feines Sieb streichen. Auf eine Backmatte dünn aufstreichen und bei 85°C im Ofen trocknen. Die Konsistenz sollte der von Papier gleichen und es sollte keine Verfärbung geben. Dieses flexible »Jakobsmuschelpapier« bei 185°C ausbacken, bis die Chips goldbraun sind. Auf Küchenpapier entfetten und salzen.
- Mit einem scharfen Messer die verbliebenen 4 Stück einritzen und in der heißen Pfanne in Butterschmalz kurz glasig anbraten. Mit Fleur de Sel würzen.

**Anrichten**

- Das Grünkohlpüree und die Haselnusscreme auf den Tellern anrichten. Den gebratenen Grünkohl danebenlegen und mit den Chips ausdekorieren. Den Haselnusssalat darüberstreuen und die gebratene Jakobsmuschel anlegen. Mit der Zitronenvinaigrette vollenden.

## Klassischer Grünkohl auf heutige, leichtere Art
## Von Mario Büsch

**Zutaten (für 4 Personen)**

**2 kg Grünkohl**
**100 g Gänse- oder Entenschmalz (alternativ Griebenschmalz)**
**250 g geräucherter magerer Speck in Würfeln**
**7 Schalotten in Würfeln**
**2 Mettenden in Würfeln**
**1 l Kasslerfond oder Fleischbrühe**
**4 Pinkelwürste, aus der Pelle gedrückt und in Würfel geschnitten**
**5 EL Dijon-Senf fein**
**Piment, gemahlen**
**Piment d'Espelette**
**Salz, Geräucherter Pfeffer aus der Mühle**
**2 EL Orangenmarmelade**
**8 EL Haferflocken**

**Zubereitung**

- Grünkohl waschen und kurz (ca. 2 Minuten) in Salzwasser blanchieren. Schmalz auslassen, Speck- und Zwiebelwürfel auslassen, Mettenden zugeben und anrösten.
- Grünkohl zugeben und anschwitzen, mit Kasslerfond aufgießen, Pinkelwurst-Würfel dazugeben und 1 Stunde leicht köcheln lassen. Mit Senf, Piment, Salz, geräuchertem Pfeffer und Orangenmarmelade abschmecken. Dann nach und nach mit den Haferflocken binden.

*Tipp*

Dazu Kasslernacken, Kohlwurst und karamellisierte Drillinge (kleine Kartoffeln) servieren. Dafür den Kasslernacken mit Knochen separat zubereiten: mit Wurzelgemüse, Wacholder, etwas Thymian schmoren. Den Fond zum Aufgießen des Grünkohls verwenden.

## Grünkohlburger
## Von Malte Ibbeken

**Zutaten (für 4 Personen)**

**300 g Grünkohl**
**100 ml heller Essig**
**50 ml Öl für den Salat (z. B. Sonnenblumen- oder Traubenkernöl), etwas Öl für die Pfanne**
**70 g Zucker**
**50 g feiner Senf**
**30 g grober Senf**
**Salz**
**Weißer Pfeffer, frisch gemahlen**
**etwas gemahlener Kümmel**
**100 g Knollensellerie**
**1 mittelgroße Zwiebel + 150 g geschnittene Zwiebel**
**1 mittelgroße Möhre**
**100 ml Apfelsaft**
**150 g Wurstbrät von der Fleischpinkel (direkt vom Metzger)**
**600 g Kasslerlachs, sehr dünn geschnitten**
**4 Burger Buns**

**Zubereitung Salat:**

- Grünkohl waschen, trocknen, schleudern und putzen. In einer großen Schüssel 50 ml Essig, 50 ml Salatöl, 20 g Zucker und 20 g feinen Senf mit Salz, Pfeffer und Kümmel verrühren, Grünkohl dazugeben und ordentlich durchkneten. Mit Folie abgedeckt mindestens **3 Stunden** im Kühlschrank marinieren (optimal über Nacht). Grünkohlsalat nochmals mit Salz, Pfeffer und Zucker abschmecken.

**Senfsauce:**

- 1 weiße Zwiebel, Sellerie und Möhre fein würfeln, mit Öl im Topf erhitzen, mit Salz und Pfeffer würzen. Mit 50 ml Essig ablöschen, je 30 g feinen und groben Senf sowie 50 g Zucker zugeben. Deckel schließen, bei kleiner Hitze 10–15 Minuten köcheln lassen. Wenn alles weich ist, fein pürieren und abschmecken.

**Zwiebel-Speck-Chutney:**

- 150 g fein geschnittene Zwiebel in etwas Öl bei geringer Hitze glasig anschwitzen. Mit Salz, Pfeffer und etwas Zucker würzen, mit Apfelsaft ablöschen, etwa 5 Minuten köcheln lassen. Wurstbrät einrühren, nochmals kurz aufkochen lassen.

**Burger bauen:**

- Kasslerscheiben nur in fast kochendem Wasser erhitzen. Buns aufschneiden, Schnittflächen in einer Pfanne mit etwas Fett gut anrösten. Dann so belegen: untere Hälfte Grünkohlsalat, Senfsoße, Kasslerscheiben, obere Hälfte Zwiebel-Chutney. Obere auf die untere Hälfte setzen.

*Tipp*

Als hervorragende vegetarische Alternative zu Kassler eignen sich kleine Kartoffelpuffer.

## Deftiger Grünkohl-Kartoffel-Auflauf
## Von Zora Klipp

**Zutaten (für 4 Personen)**
**800 g Drillinge (kleine Kartoffeln)**
**600 g Grünkohl**
**1 Zwiebel**
**1 Knoblauchzehe**
**30 ml geschmacksneutrales Öl (z. B. Sonnenblumenöl)**
**200 g Bauchspeck (optional)**
**200 ml Sahne**
**Salz, Pfeffer**
**Muskat**
**200 g Feta**

**Zubereitung**

- Drillinge in kaltem Wasser aufsetzen und 15 Minuten köcheln lassen. In der Zwischenzeit den Grünkohl gründlich waschen, etwas trocken schleudern und klein schneiden. Dabei die Stiele entfernen. Zwiebel und Knoblauch schälen und fein würfeln. Kartoffeln abgießen und etwas abkühlen lassen.
- Ofen auf 180°C Ober-/Unterhitze vorheizen. Öl in einer großen Pfanne erhitzen, optional den gewürfelten Speck darin auslassen, Zwiebeln und Knoblauch hinzufügen. Jetzt Grünkohl dazugeben und anbraten, bis er etwas zusammengefallen ist. Kartoffeln nun halbieren und ebenfalls in die Pfanne geben. Mit Sahne aufgießen und mit Salz, Pfeffer und Muskat würzen. Jetzt Pfanneninhalt in eine Auflaufform geben, Feta darüberbröseln und den Auflauf für ca. 20 Minuten in den Ofen schieben.

## Das Erkunden der Quelle

**Sebastian Junge über Grünkohl:** Für mich ist Grünkohl direkt verbunden mit Gefühlen wie Zuhause, Kindheit und äußerst wohltuendem Geschmack. Außerdem ist der klassisch zubereitete Grünkohl für mich nur ab einer bestimmten Temperatur möglich, es muss frostig kalt sein, und im besten Fall gab es vor dem Mahl einen langen Spaziergang. Und bei der Rückkehr erwartet einen schon der allumfassende Geruch von Kohl und Geräuchertem.

Auch, wenn ich in meinem Restaurant den Grünkohl auf ganz verschiedene Arten zubereite, kommt er bei mir am liebsten im klassischen Gewand daher, gut gekocht, mit Graupen abgebunden, dazu das volle Programm, geräucherte Backe, Kasslernacken, Kohlwurst, Bauchspeck, karamellisierte Kartoffeln und ein ordentlicher Schlag Senf. Wichtig ist: Nur mit exzellenten Grundprodukten lässt sich auch hervorragender klassischer Grünkohl kochen. Einen schönen ungespritzten Kohl, dazu Räucherwaren aus der Handwerksmetzgerei, am besten natürlich auch hier in Bio-Qualität.

**Sebastian Junge** Nachhaltig kann auch genussvoll. Dies beweist Sebastian Junge täglich in seinem Hamburger Restaurant Wolfs Junge. Sebastian Junge hat in seiner Laufbahn schon in Hochkarätern wie den Hamburger Hotels Vier Jahreszeiten und Louis C. Jacob gearbeitet und immer großen Wert auf das Erkunden der Quellen gelegt. So assistierte er auf Bio-Höfen, bei Fleischereien, in Käsereien und Backstuben. Der Küchenchef und sein Team buttern selbst, im Räucherofen reifen Wurst und Schinken, aber der Clou ist der eigene Pachtgarten auf einem Demeter-Hof am Stadtrand. Kein Wunder, dass der Slow-Food-Koch vom Guide Michelin für besondere Nachhaltigkeit ausgezeichnet wurde.

## Frittierter Grünkohl mit Rahmkraut und Wildschinken
## Von Sebastian Junge

**Zutaten (für 4 Personen als kleiner Happen, für 2 Personen als Hauptgang)**

**4 große Grünkohlblätter**
**Fett zum Frittieren**
**Salz**
**200 g frisches Sauerkraut**
**2 EL Schmand**
**Pfeffer**
**Cayennepfeffer**
**gestoßener Kümmel**
**1 Msp. Senf**
**8 Scheiben geräucherter Wildschinken, hauchdünn, ca. 5–10 g pro Scheibe (Wildschwein, Hirsch, Reh, alternativ Hausschwein)**
**1 EL eingelegte Senfsaat (Rezept unten)**

**Zubereitung**

- Grünkohl waschen und mit einem V-förmigen Schnitt den gröbsten Stiel aus der Mitte des Kohlblatts schneiden. Kohlblätter in heißem Fett für einen kurzen Augenblick frittieren, sodass sie schön kross werden. Achtung, das Ganze wird sehr stark spritzen. Anschließend gut abtupfen und etwas salzen. Das frische Sauerkraut (am besten selbst angesetzt) auspressen, grob hacken und mit Schmand, etwas Salz, Pfeffer, Cayennepfeffer, gestoßenem Kümmel und Senf vermengen.

**Anrichten**

- Ausgebackenen Grünkohl auf vier Tellern anrichten, Rahmkraut darauf verteilen. Obendrauf kommen der Wildschinken sowie etwas von der eingelegten Senfsaat. Grober Pfeffer macht sich fantastisch auf diesem Appetitanreger.

**Anmerkung**

- Ein toller Einstieg in ein Menü, welches das Geschmacksprofil des klassischen Grünkohls adaptiert, jedoch weiter ausreizt, sowohl geschmacklich als auch sensorisch. Gebackener krosser Grünkohl, milchsaures Kraut, Rauch vom Schinken und saure Senfsaat loten hier die Grenzen aus.

## Eingelegte Senfsaat von Sebastian Junge

**Zutaten**

**400 g Senfsaat gelb**
**1 l Apfelsaft**
**500 ml Apfelessig**
**200 g Zucker**
**1 EL Honig**
**1 EL Salz**
**1 EL gehackter Thymian**
**1 EL gehacktes Bohnenkraut**

**Zubereitung**

- Alle Zutaten bei mittlerer Hitze aufkochen und so lange reduzieren, bis kaum noch Flüssigkeit vorhanden ist. Die Senfsaat sollte weich sein, ein wenig Flüssigkeit zurückbleiben. Ist die Senfsaat noch zu fest, und die Flüssigkeit verdampft, ggf. noch etwas Wasser nachgeben. Je nach Gusto kann der Senf am Ende kurz angemixt werden.
- In heiße, sterilisierte Gläser abfüllen und im Kühlschrank lagern.

## Gebratener Grünkohl mit konfiertem Eigelb, eingelegter Senfsaat, Kreuzkümmel und Sonnenblumenkernen
## Von Sebastian Junge

**Zutaten (für 4 Personen)**

**200 ml Olivenöl**
**1 Knoblauchzehe**
**4 Eigelbe**
**4 EL Sonnenblumenkerne**
**1 TL Paprikapulver**
**1 TL Kreuzkümmel**
**1 Msp. Cayennepfeffer**
**Salz**
**50 g Butter**
**400 g Grünkohl, geputzt, gewaschen und fein geschnitten**
**50 ml Weißwein**
**Pfeffer**
**2 EL eingelegte Senfsaat**

**Zubereitung**

- Olivenöl mit der angedrückten Knoblauchzehe auf ca. 80°C erhitzen (auf dem Herd). Eigelbe vorsichtig und unzerteilt in das Öl geben und für ca. 30 Minuten bei 70°C in den Backofen stellen. Sonnenblumenkerne bei 180°C für 8 Minuten im Ofen rösten, anschließend mit Paprikapulver, Kreuzkümmel, Cayennepfeffer und etwas Salz im Mörser zerstoßen.
- Butter zerlassen, bis sie schäumt, Grünkohl dazugeben. Das Ganze ca. 2 Minuten braten. Mit Weißwein ablöschen und alles mit Salz und Pfeffer abschmecken. So lange einkochen, bis kaum mehr Flüssigkeit vorhanden ist.

**Anrichten**

- Grünkohl gleichmäßig auf vier Tellern anrichten, je ein konfiertes Eigelb in die Mitte geben. Sonnenblumenkernpulver darüberstreuen und die eingelegte Senfsaat verteilen.

## In der Tradition des Biikebrennens

**Hendrik Kleist über Grünkohl:** Ich verbinde mit Grünkohl vor allem das traditionelle Essen nach der Biike auf Sylt. Viele Jahre lang habe ich nach dem ersten Frost, vor allem aber am 21. Februar kiloweise Grünkohl gekocht. Mir gefällt die klassische Art mit Kochwurst, Kassler, Schweinebacke und süßen Kartoffeln. Aber auch die Blätter in etwas Nussbutter knusprig backen und mit grobem Meersalz. In meiner Kindheit gab es Grünkohl nur gekocht. Mittlerweile aber gibt es so vielseitige Möglichkeiten, Grünkohl zu verwenden, wie zum Beispiel in Smoothies, als Salat oder frittiert als Chips, und ich bin mir sicher, es werden sich noch andere Rezepte durchsetzen.

**Hendrik Kleist** absolvierte seine Ausbildung in der Sansibar auf Sylt. Später folgten Anstellungen in den Hotels Adlon und Interconti in Berlin. Er wurde Küchenchef im Beachhouse auf Sylt, später arbeitete er im Nobus in Glücksburg. Im ersten Corona-Lockdown verlor er seinen Job und arbeitete zeitweise wieder auf Sylt. Doch die weite Entfernung zu seiner Familie sowie das Heimatgefühl zogen ihn zurück an die Ostseeküste. Im Herbst 2020 wollte sich Hendrik Kleist mit einem Freund nur mal eben ein Haus in Angeln ansehen. Doch als er das Gebäude und die Umgebung sah, war er sofort begeistert. Ihm war klar, dass er in diesem Haus mit seiner Frau das erste eigene Restaurant eröffnen wollte – und zwar am liebsten gleich. 2021 feierte das Unewatt in Langballig seine Eröffnung. Der passionierte Jäger und Angler setzt als FEINHEIMISCH-Mitglied auf hochwertige und regionale Zutaten. Das Wild auf der Speisekarte hat der Küchenchef überwiegend selbst erlegt.

## Grünkohlrouladen mit Wildhackfüllung
## Von Hendrik Kleist

**Zutaten (für 4 Personen)**

**Für die Füllung:**

**1 Brötchen vom Vortag**
**1 Zwiebel**
**1 EL Butter**
**1 Bund glatte Petersilie**
**800 g Hack vom Wild (je zur Hälfte Wildschwein und anderes Wild)**
**2 Eier**
**2 EL Senf**
**Salz, Pfeffer**

**Für die Rouladen:**

**12–14 große Grünkohlblätter**
**etwas Küchengarn**
**3 EL Öl**
**1 Zwiebel**
**150 g Speckwürfel**
**1 EL Tomatenmark**
**etwas Kümmel**
**1 l Gemüsebrühe**
**2 Lorbeerblätter**
**2–4 EL Speisestärke**
**Zucker**

**Zubereitung**

- Brötchen in kaltem Wasser einweichen. Grünkohl putzen, waschen und Stiele V-förmig herausschneiden. Blätter kurz in reichlich kochendes Wasser geben, herausheben und in Eiswasser abschrecken. Abtropfen lassen.
- Für die Hackfleischfüllung eine Zwiebel schälen, fein würfeln und in etwas Butter glasig anschwitzen. Zur Seite stellen. Petersilie fein hacken, das Brötchen gut ausdrücken. Hack, Eier, Petersilie, Senf, Brötchen vermengen und mit Salz und Pfeffer abschmecken. Aus der Hackmasse acht gleich große Frikadellen formen. Je nach Größe zwei oder drei Grünkohlblätter entgegengesetzt zusammenlegen, Frikadellen in die Blätter einrollen und mit Küchengarn binden. Rouladen in einem Bräter oder großen flachen Topf mit etwas Öl kräftig anbraten.

- Während die Rouladen braten, die zweite Zwiebel würfeln. Rouladen herausnehmen und anschließend Zwiebel- und Speckwürfel in dem Topf rösten. Wenn alles schön goldgelb ist, Tomatenmark und Kümmel dazugeben und kurz mitschwitzen. Rouladen zurück in den Topf geben und alles mit Gemüsebrühe auffüllen und die Lorbeerblätter dazugeben. Für ca. 45 Minuten bei mittlerer Hitze im Ofen schmoren. Nach der Garzeit Rouladen aus dem Fond nehmen und separat warm stellen.
- Die Sauce in einem Topf zum Kochen bringen. Speisestärke mit etwas Wasser verrühren und die Sauce auf gewünschte Konsistenz andicken. Ggf. mit Salz, Pfeffer und etwas Zucker nachschmecken.

## Im Auftrag der Mecklenburgischen Kulinarik

**Norbert Bosse über Grünkohl:** Für mich ist Grünkohl das Mecklenburger Winteressen. Mein Vater war Fleischermeister und machte immer vor Weihnachten frische Lungenwurst. Die Naturdärme dazu waren schwer zu bekommen und gelangten oft über Beziehungen und Umwege zu uns. Unser alter Hausarzt schwärmte ebenfalls für Lungenwurst, und so wurde immer gut eingeteilt, wer welche von Vaters Lungenwürsten bekam. Dazu gab es Grünkohl mit Räucherbacke, Salzkartoffeln und Bier. Meine Mutter, Fleischfachverkäuferin, bastelte immer »Grünkohltöpfe«. Die frische Kohlpflanze wurde in Erde und dann in einen Topf gebracht. An die »Palme« wurden dann Lungenwürste gehängt und das Ganze mit roten Schleifen versehen und verschenkt.

Wichtig für uns Mecklenburger ist dabei: Der Grünkohl muss deftig und kräftig schmecken. Nur eine kleine Prise Zucker ran. Nicht zu viel. Und er muss noch Biss haben und etwas »stückig« sein, natürlich ohne Strunk. Aber auf keinen Fall zu sehr zerkleinert oder gar durch den Wolf gedreht. Der Mecklenburger an sich hat Biss, und das will er auch auf dem Teller sehen.

**Norbert Bosse** ist Journalist und Moderator aus Mecklenburg-Vorpommern. Als gelernter Fleischer in vierter Generation durchlief er nach seiner Ausbildung Stationen u. a. als Marketingleiter und Vertriebschef im Ludwigsluster Fleischwarenbetrieb. 13 Jahre arbeitete er als freier Journalist beim NDR, moderierte »Plattdeutsch am Sonntag« und »NDR – Plappermoehl«. Seit 2013 ist Bosse außerdem als Berater für Events im ganzen Norden tätig und betreut verschiedene kulinarische Initiativen in Mecklenburg-Vorpommern.

## Pasta mit Grünkohl, rotem Mangold und Möhren
## Von Norbert Bosse

**Zutaten (für 4 Personen)**

**eine Handvoll frischer Grünkohl (ca. 200 g)**
**4 oder 5 Stiele roter Mangold**
**4 große Möhren, gern gelbe oder violette**
**2 rote Zwiebeln**
**3–4 Stängel glatte Petersilie**
**50 g Pinienkerne**
**400 g geschälte Tomaten**
**3 Knoblauchzehen**
**400 g Pasta (große Pasta wählen, z. B. Rigatoni, Fettuccine, Pennoni Lisci, Fisarmoniche)**
**etwas Olivenöl**
**12 Scheiben dünner Lardo, gut gelagerter italienischer Speck**
**geklärte Butter oder Olivenöl**
**Pfeffer, Salz**
**Muskat**
**Cayennepfeffer oder Piment d'Espelette**
**4 Eier**
**80 g Parmesan oder Grana Padano, im Stück kaufen, dann grob reiben**

**Zubereitung**

- Kohl und Mangold waschen, putzen und von den Stielen entfernen, grob zerkleinern. Möhren waschen, schälen und in Scheiben schneiden. Rote Zwiebeln putzen und in kleine Würfel schneiden. Petersilie fein hacken. Pinienkerne ohne Fett in einer beschichteten Pfanne leicht anrösten. Tomaten in kleine Würfel schneiden, Flüssigkeit abgießen. Knoblauch schälen und fein würfeln.
- Pasta bissfest kochen, bitte beachten, dass größere Sorten etwas länger brauchen. Abgießen und warm stellen, ein paar Tropfen Öl zu-

geben, damit sie nicht verkleben. Den Lardo in einer Wokpfanne anbraten, bis er glasig wird, dann herausnehmen und auf Küchenpapier abtropfen lassen. Geklärte Butter oder Öl in der Wokpfanne erhitzen, Zwiebeln und Knoblauch anschwitzen. Tomatenwürfel dazugeben, gut erhitzen, dann vom Feuer nehmen und abkühlen (nicht richtig erkalten), würzen.

- Kohl, Mangold und Möhren in einem Topf mit leicht gesalzenem Wasser garen, nicht verkochen, herausnehmen und beiseitestellen. Wenn alles so weit zubereitet ist, große Pastateller bereitstellen.
- Zwiebel-Tomaten-Fett-Mischung in der Wokpfanne erhitzen, nicht kochen. Aufgeschlagene Eier mit dem geriebenen Käse vermengen, Muskat dazugeben, unter die Mischung in die Pfanne heben und verrühren. Gemüse und dann die Pasta unterheben und gut durchmischen. Auf den Pastatellern anrichten, Lardostreifen darauf verteilen, mit Petersilie und Pinienkernen bestreuen.

**Anmerkung**

- Wer mag, kann noch Parmesan über das Gericht geben. Statt Lardo kann man auch gewürfelten Kassler oder italienische Salsiccia verwenden – Würstchen mit Fenchel, die vorab zerbröselt und angebraten sind. Ich empfehle einen nicht zu kräftigen Rotwein dazu wie Primitivo oder einen schönen Weißen wie einen trockenen Gewürztraminer oder einen Luganer. Es ist eine tolle Verbindung von italienischer Küche und norddeutschem Gemüse.

## Die Liebe zum Restegrünkohl

**Jochen Strehler über Grünkohl:** Als Kind norddeutscher Eltern, das aber in Bayern geboren und aufgewachsen ist, war das Grünkohlessen für mich immer etwas Besonderes, Seltenes. In Bayern isst man dies Gericht ja bis heute nicht, und so kochten meine Eltern es auch zuhause nicht oft. Aber bei den Verwandtschaftsbesuchen im Norden gab es Grünkohl dafür öfter, und ich habe es immer geliebt. Vor allem übrigens den Restegrünkohl des zweiten Tages. Also wenn die restlichen Kartoffeln in Scheiben gebraten wurden und es das vom Knochen abgepulte Kasslerfleisch mit Kochwurstscheiben direkt in den Grünkohl gemischt und dann zu diesen Bratkartoffeln gab.

Es gibt tolle Grünkohl-Kombinationen auch zu gebratenem Fisch, Grünkohl geht auch fantastisch zu Enten- und Gänsebraten, und die jungen Herzen des Kohls nur kurz gedünstet zu edlem Wild sind etwas ganz Besonderes. Aber wenn ich ehrlich bin, schlägt nichts den Klassiker in Schleswig-Holstein, den geschmorten und mit etwas Senf abgeschmeckten Kohl zusammen mit Kochwurst, Backe und Kassler aus guter Aufzucht. Dazu die kleinen Röstkartoffeln, bei denen ich persönlich auf den Zucker verzichten kann.

Viele sagen dem Grünkohl ja deswegen eine gute Zukunft voraus, weil er neuerdings auch in Smoothies oder in den Bowls landet und so der jüngeren Generation bekannt gemacht wird. Ich glaube und hoffe aber, dass auch in Zukunft die regional unterschiedlichen Versionen des klassisch geschmorten Kohls erhalten bleiben werden. Auch und gerade, wenn in der Zukunft das Fleisch dazu knapper und kostspieliger werden sollte. Denn umso besonderer wird dieses Gericht werden.

**Jochen Strehler** hatte eigentlich vor, Maschinenbau zu studieren und Ingenieur zu werden – zum Glück entschied er sich anders und wurde stattdessen Koch. Seine Laufbahn begann Mitte der 1980er Jahre in Andresens Gasthof an der Westküste. 1991 eröffnete er in Kiel das Restaurant Damperhof. Ein paar Jahre später folgte das Lüneburg Haus in der Dänischen

Straße. Strehler ist eines der sieben Gründungsmitglieder von FEINHEIMISCH e.V. und rief die »Cateringkultur« ins Leben. Seit 2015 betreibt er gemeinsam mit seiner Frau Anja Anna den Veranstaltungsort Gildepark samt Catering in der Großen Grünen Schützengilde von 1412 in Kiel. Er ist Mitglied der Slow-Food-Chef-Alliance und setzt sich für nachhaltigen Genuss ein.

## Entenbraten mit Grünkohl-Füllung Von Jochen Strehler

**Zutaten (für 4–5 Personen)**

**1 frische Holsteiner Ente (männlich, 3–4 kg, küchenfertig mit beigelegtem Hals und Innereien)**
**2 Karotten**
**etwas Sellerie**
**3 größere Zwiebeln**
**1 EL Tomatenmark**
**500 ml Rotwein**
**einige Wacholderbeeren**
**einige Lorbeerblätter**
**feines Meersalz, Pfeffer**
**etwas Stärke**
**500 ml Gemüse- oder Geflügelbrühe**
**Zucker**
**2 EL Hafergrütze**
**Muskatnuss**

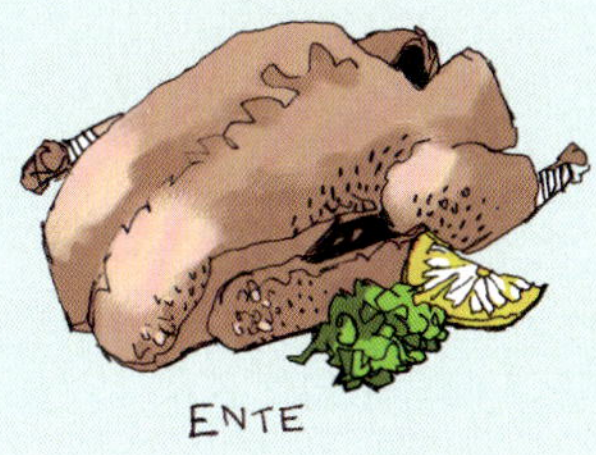

**evtl. Semmelbrösel**
**1,5 kg frischer gerupfter Grünkohl**
**1 Becher (0,2 l) Sahne**
**etwas Senf**
**einige Zahnstocher zum Verschließen**

**Zubereitung**
**Sauce:**

- Innereien aus der Ente entfernen, auch das weiße Schmalz ablösen und beiseitestellen. Entenleber anderweitig verwenden (vielleicht beim Kochen mit etwas Butter und Zwiebel kurz gebraten auf geröstetem Graubrot als Appetizer essen). Hals, Magen, Herz und äußere Flügelspitzen für die Sauce anbraten, dazu Karotten, Sellerie und 1 Zwiebel in Würfeln geben und mitrösten. Wenn alles gut angebraten ist, Tomatenmark zugeben, kräftig anschwitzen und mit Rotwein ablöschen. Mit Wasser bedecken und langsam 2 Stunden köcheln lassen. Schaum zu Beginn einige Male abschöpfen, dann auch Wacholder und Lorbeer zugeben, etwas salzen. Sauce durch ein feines Sieb passieren, evtl. noch etwas einkochen, mit Salz und Pfeffer abschmecken und mit ein wenig angerührter Stärke binden.

**Füllung:**

- Grünkohl mehrfach waschen und abtropfen lassen. Abgelöstes Entenschmalz grob hacken und im Topf schmelzen. 2 Zwiebeln in feinen Ringen oder Würfeln zugeben, hell anbraten, Grünkohl daraufgeben, mit Brühe angießen. Mit etwas Salz, Pfeffer und Zucker würzen, aufkochen und zugedeckt langsam ca. 30 Minuten köcheln lassen. Nun die flüssige Sahne und danach die Hafergrütze zugeben.
- Weitere 30 Minuten im offenen Topf die noch vorhandene Flüssigkeit verkochen lassen, dann erst abschmecken mit Pfeffer, Salz, Muskatnuss und Senf nach persönlichem Geschmack (1-2 EL).

- Der Kohl sollte nun relativ »trocken« bzw. kompakt sein für die Füllung. Wenn nicht, noch ein paar Semmelbrösel unterziehen, um sicherzugehen, dass der Kohl als Füllung nicht aus der Ente ausläuft. Abkühlen lassen.

**Ente:**

- Ente waschen, trocken tupfen, von innen und außen mit Meersalz kräftig würzen. Mit Grünkohlmasse füllen und mit einigen Zahnstochern verschließen. In einen Bräter legen (Brust nach oben), der 2 cm hoch mit heißem Wasser gefüllt ist. Im Backofen bei ca. 140°C 2 Stunden langsam weich schmoren, bis man mit einer Fleischgabel problemlos in die Keule stechen kann. Sie können diesen Zustand auch mehrere Stunden bei 60–70°C im Ofen halten. Wenn Sie dann tatsächlich bald essen wollen, den Backofen auf 220°C vorheizen und die Ente knusprig und braun werden lassen.

**Anrichten**

- Ente tranchieren, den schmackhaften Grünkohl natürlich dazu servieren, Sauce extra reichen. Als Beilage eignen sich sowohl Kartoffel- als auch Serviettenknödel, aber einfache Salzkartoffeln oder Kartoffelstampf passen ebenso. Guten Appetit!

*Tipp*

Für zwei Personen einfach eine kleine weibliche Ente kaufen (ca. 1,5 kg) und restliche Zutaten ungefähr halbieren. Das Kochen der Sauce kann problemlos am Vortag bzw. vorab erfolgen. Ebenso kann der zur Füllung benötigte Grünkohl vorgekocht werden.

## Grünkohl direkt aus der Markthalle

**Thomas Sampl über Grünkohl:** Der Kohl ist für mich ein superwichtiger Vitaminlieferant im Herbst und im Winter. Sehr lecker ist er außerdem auch noch. Selten bereite ich ihn klassisch zu, lieber etwas moderner mit wenig Fett und eher kurz gebraten. Häufig kommt bei mir der Grünkohl massiert in den Salat. Einfach etwas kaltgepresstes Öl, Salz und Pfeffer zu den Blättern geben, 5 Minuten durchkneten und mit anderem Blattsalat mischen. Dann mit Essig und Zitronensaft abschmecken. Lecker! Mein Favorit ist übrigens roter Federkohl.
Der Grünkohl hat großes Potenzial zum Superstar der Bauern für die nächsten Jahre. Zu Recht. Ich würde mir noch etwas mehr Vielfalt in der Zubereitung wünschen.

**Thomas Sampl** ist Slow-Food- und NDR-Koch und betreibt mit zwei Partnern im Hamburger Oberhafen das Gastro-Paradies Hobenkööк (Hafenküche). In einer Markthalle mit Restaurant werden Lebensmittel von bis zu 200 Produzenten rund um Hamburg angeboten. Die Köche des Restaurants bedienen sich gleich selbst vor Ort. So bekommen die Produzenten ein Gesicht, ihre Lebensmittel werden vom Land in die Stadt geholt und landen dort direkt auf dem Teller des Gastes. So funktioniert nachhaltige, moderne und genussvolle Regionalküche.

## Veganer Grünkohl
## Von Thomas Sampl

**Zutaten (für 4 Personen)**

**2 kg Grünkohl (nicht vorgewaschen und nicht gezupft)**
**4 EL Sonnenblumenkerne**
**2 kleine Sellerieknollen (insgesamt ca. 600 g)**
**20 Wiesenchampignons**
**4 Birnen**
**4 Haushaltszwiebeln**
**2 EL Margarine**
**2 Lorbeerblätter**
**200 ml Weißwein**
**1 l Gemüsebrühe**
**200 ml Apfelsaft**
**Salz, Pfeffer**
**600 g festkochende Kartoffeln**
**120 g Haferflocken**
**2 EL körniger Senf**
**Rübensirup**

**Zubereitung**

- Grünkohl in stehendem kaltem Wasser mehrmals waschen und vom Stiel befreien. Die Stiele können aufbewahrt werden und später durch die heiße Pfanne gezogen als Gemüse benutzt werden.
- Sonnenblumenkerne in einer Pfanne ohne Fett rösten, auskühlen lassen und sehr fein hacken, beiseitestellen.
- Sellerie, Wiesenchampignons, Birnen und Zwiebeln säubern, schälen und in gleich kleine Würfel schneiden. Topf auf dem Herd mit der Margarine leicht erhitzen. Zuerst Zwiebeln mit Lorbeerblatt anschwitzen. Danach Birne, Sellerie und Wiesenchampignons hinzugeben und so lange anschwitzen, bis alles gut weich ist. Mit Weißwein ablöschen und ganz einreduzieren lassen. Mit Gemüsebrühe und Apfelsaft auffüllen und aufkochen lassen. Grünkohl hinzugeben, salzen und pfeffern und insgesamt 45 Minuten köcheln lassen.
- Kartoffeln waschen, schälen und in 1 cm große Würfel schneiden. Nach 20 Minuten zum Grünkohl geben und mitkochen lassen. Grünkohl und Kartoffeln sollten am Ende der Garzeit weich sein

und die Flüssigkeit gut verkocht. Wenn alles weich ist, die Haferflocken einrühren und etwas quellen lassen. Mit Senf und Rübensirup würzen und nochmals mit Salz abschmecken,

## Süßkartoffel-Grünkohl-Auflauf mit Rosinen und Feta Von Thomas Sampl

**Zutaten (für 4 Personen)**

**4 norddeutsche Süßkartoffeln**
**1 Bund Grünkohl oder roter Federkohl**
**1 Haushaltszwiebel**
**1 Knoblauchzehe**
**150 ml Sahne**
**1 TL gemahlener Kreuzkümmel**
**1 EL in Apfelsaft eingeweichte Rosinen**
**½ Bund Petersilie**
**100 g Schaf-Feta**
**Salz, Muskat**

**Zubereitung**

- Süßkartoffeln schälen und in feine Scheiben schneiden. Sahne in einen großen Kochtopf geben, aufkochen. Knoblauchzehe schälen und in feine Scheiben schneiden, in die Sahne geben, weiter köcheln lassen. Grün- oder Federkohl waschen, Blätter vom Stiel trennen. Stiele klein schneiden, in die Sahne geben und mitkochen.
- Mit Salz, Muskat und Kreuzkümmel würzen und weiter kochen lassen. Zwiebel schälen, fein würfeln und mit Rosinen und den Grün- oder Federkohlblättern zur Sahne geben. Alles bissfest kochen. Petersilie waschen, vom Stiel zupfen, in feine Streifen schneiden und zu guter Letzt in die Sahnemasse geben.
- In eine Auflaufform geben, mit gehobeltem Schaf-Feta bestreuen und bei 180°C Oberhitze im Ofen 20 Minuten garen. Wenn der Feta leicht braun ist, aus dem Ofen nehmen und genießen.

## Grünkohl-Falafel mit Rote-Bete-Hummus und Salat

**Zutaten (für 4 Personen)**

**Für die Falafel:**

**500 g getrocknete Kichererbsen**
**5 Knoblauchzehen**
**1 Zwiebel**
**150 g Grünkohl**
**½ Bund Petersilie**
**2 Stängel Koriander**
**1 EL Sumach (plus 1 Prise zum Bestreuen)**
**1 EL Koriander, grob gemahlen**
**1 EL Kreuzkümmel, gemahlen**
**1 EL Meersalz**
**1 TL Pfeffer**
**½ TL Backpulver**
**2 l Rapsöl**

**Für den Salat:**

**8 Kirschtomaten**
**3 Möhren**
**7 Radieschen**
**1 Bio-Zitrone**
**½ Granatapfel**
**3 Zweige Minze**
**200 g Grünkohl**
**350 g Rote-Bete-Hummus**
**2–3 EL Tahini (Sesampaste)**

**Zubereitung**

- Kichererbsen **48 Stunden** in einer großen Schüssel Wasser einweichen und das Wasser ein bis zweimal austauschen.
- Für den Salat Tomaten, Möhren und Radieschen waschen, trocken tupfen und vom Strunk befreien. Tomaten und Radieschen vierteln. Möhren in Scheiben schneiden, Zitrone abreiben und in Spalten scheiden, Granatapfel entkernen. Minze waschen, trocken schütteln und Blätter von den Stielen zupfen. Grünkohl putzen und Stiele entfernen. In gesalzenem Wasser bissfest dünsten, anschließend mit kaltem Wasser abschrecken und abtropfen lassen. Alles beiseitestellen.
- Für die Falafel Einweichwasser von den Kichererbsen abgießen. Knoblauchzehen und Zwiebel schälen und halbieren. Grünkohl, Petersilie und Koriander waschen, trocken schütteln und dicke Stängel bzw. Strunk entfernen. Kichererbsen portionsweise mit Knoblauch, Zwiebel, Grünkohl und Kräutern in einem Stand-

mixer zerkleinern. Nach und nach 50 ml Wasser hinzufügen, sodass eine formbare Masse entsteht. Diese in eine große Schüssel geben, Gewürze mit dem Backpulver hinzufügen und alles gut durchmischen.

- Öl in einer großen, hohen Pfanne erhitzen. Aus der Teigmasse eiergroße abgeflachte Bällchen formen und diese in der Pfanne portionsweise von beiden Seiten jeweils etwa 2,5 Minuten goldbraun frittieren. Herausnehmen und in einem Sieb abtropfen lassen.

**Anrichten**

- Beiseitegestelltes Gemüse und Grünkohl mit Rote-Bete-Hummus dekorativ auf Teller geben. Falafel daraufgeben und mit etwas Zitronensaft beträufeln. Minzblättchen und Granatapfelkerne darüberstreuen, Tahini über die Falafel geben, mit einer Prise Sumach bestreuen und sofort genießen.

## Shepherd's Pie mit Grünkohl

**Zutaten (für 4 Personen)**
**1 kg Kartoffeln**
**500 g frischen Grünkohl**
**1 Zwiebel**
**optional: 1-2 Knoblauchzehen**
**200 g Roséchampignons**
**2-3 EL Mehl**
**100 g Butter**
**300 ml Vollmilch**
**½ TL Muskatnuss, frisch gerieben**
**Salz, Pfeffer**

**Zubereitung**

- Kartoffeln schälen und in Stücke schneiden. In Salzwasser garkochen. In der Zwischenzeit Grünkohl sorgfältig waschen, trocken schütteln und von den Stielen befreien. Grünkohl kurz blanchieren und ausdrücken, danach grob hacken. Zwiebeln, Pilze und ggf. Knoblauch würfeln, anbraten und mit dem Grünkohl vermengen. Backofen auf 180°C vorheizen (Grillfunktion empfohlen).
- Für die Sauce aus Mehl und einem Drittel der Butter eine Mehlschwitze zubereiten. 200 ml Milch unter Rühren hinzugeben und mit der Hälfte der Muskatnuss würzen. Kartoffeln abgießen und mit der Hälfte der übrigen Butter sowie der restlichen Milch und Muskatnuss zu einem Püree zerstampfen. Mit Salz und Pfeffer abschmecken. Grünkohl-Pilz-Gemisch in eine ofenfeste Form geben und die Sauce darüber verteilen. Stampfkartoffeln gleichmäßig auf dem Grünkohl verteilen und mit einer Gabel Muster ziehen. Restliche Butter in Flöckchen drauf verteilen. In etwa 20 Minuten goldbraun backen und servieren.

## Grünkohl auf äthiopische Art (Gomen Wot)

**Zutaten (für 4 Personen)**

**4 EL Nit'ir Qibe (auch: Niter Kibbeh, äthiopische Gewürzbutter, selbstgemacht oder im Online-Handel erhältlich)**
**4 Zwiebeln, fein gewürfelt**
**5 frische Knoblauchzehen, gepresst**
**2 TL Kurkuma**
**1 TL Piment, gemahlen oder frisch aus dem Mörser**
**1 kg Grünkohlblätter**
**1 grüne Paprikaschote, fein gewürfelt**
**4 cm Ingwerwurzel, gerieben oder gehackt**
**Saft einer halben Zitrone**
**Salz, Pfeffer**

**Zubereitung**

- Grünkohl putzen und fein hacken. Nit'ir Qibe im Topf erhitzen.
- Zwiebeln, Knoblauch, Kurkuma und Piment 1 Minute kräftig anbraten. Gehackten Grünkohl, Paprika, Ingwer und ein wenig Wasser hinzugeben, unter Rühren 15 Minuten garen.
- Mit Zitronensaft, Salz und Pfeffer abschmecken.

*Tipp*

Mit Injera, Naan-Brot oder anderen Fladenbroten servieren.

## Toskanische Bauernsuppe mit Grünkohl (Ribollita)

**Zutaten (für 4 Personen)**

**1 große Zwiebel**
**2 Knoblauchzehen**
**1 Stange Lauch**
**3 Karotten**
**2 Stangen Sellerie**
**4 große Blätter Grünkohl oder Cavolo nero**
**2 EL feines Olivenöl**
**2 EL Tomatenmark**
**200 g aromatische Tomaten oder stückige Tomaten aus der Dose**
**640 ml Gemüsefond oder Brühe**
**1 TL frischen gehackten Thymian**
**350 g weiße Bohnen (Dose oder im Glas)**
**Meersalz, Pfeffer**
**frisch geriebenen Parmesan**
**Baguette**

**Zubereitung**

- Zwiebel und Knoblauch würfeln. Lauch putzen und in dünne Ringe schneiden. Karotten und Sellerie ebenfalls klein schneiden. Die Blätter des Grün- bzw. Palmkohls gründlich putzen und schneiden. Öl im Topf erhitzen, dann Lauch und Zwiebeln darin bei mittlerer Hitze andünsten. Karotte, Sellerie, Knoblauch und Tomatenmark zugeben und alles im Topf anbraten. Gelegentlich umrühren.
- Tomaten, Gemüsefond und Thymian in den Topf geben. Kurz aufkochen und dann mit Topfdeckel auf kleiner Hitze 15 Minuten einköcheln. Bohnen zugeben und 2 Minuten einköcheln.
- Optional für eine sämigere Suppe: Etwa ein Drittel der Suppe aus dem Topf nehmen und mit dem Stabmixer fein pürieren. Die pürierte Suppe dann wieder zurück in den Topf geben.

- Zuletzt den Grünkohl zur Suppe geben und etwa 5 Minuten einköcheln. Mit Meersalz und Pfeffer abschmecken. Auf Tellern servieren und Parmesankäse darauf verteilen.

*Tipps*

Typisch toskanisch werden dazu Weißbrotscheiben gegessen, die in der Suppe einweichen und so für eine sämige Konsistenz sorgen.

Für die Ribollita gibt es nicht das eine Rezept. Vor allem beim Gemüse bietet sie viele Variations- und Kombinationsmöglichkeiten. Auf jeden Fall gehören weiße Bohnen und Grünkohl bzw. Palmkohl dazu. In traditioneller Zubereitung wird die Suppe erst am nächsten oder übernächsten Tag nach der Zubereitung gegessen – so entfalten sich die Aromen besser.

## Kale-Smoothie

**Zutaten (für 1 Smoothie)**

**120 ml Wasser oder Pflanzenmilch**

**120 ml frisch gepresster Orangensaft**

**½ gefrorene Banane**

**2 Blätter Grünkohl oder 70 g tiefgefrorener, geschnittener Grünkohl**

**130 g gefrorene Mangowürfel**

**¼ Avocado**

**Zubereitung**

- Sofern frischer Grünkohl verwendet wird: Blätter putzen und von den Stielen befreien.
- Alle Zutaten in einem leistungsstarken Standmixer mixen, bis keine Stückchen mehr vorhanden sind. Bei zu fester Konsistenz noch ein wenig Flüssigkeit hinzufügen.

## Longdrink Grünkohl-Smash

**Zutaten (für einen Longdrink)**

**eine Handvoll frischer oder tiefgefrorener Grünkohl-Blätter**

**2 cl Zuckersirup und 2 cl Zitronensaft**

**4 cl Oldenburg Dry Gin**

**2 cl Zitrone-Ingwer-Likör**

**Zubereitung**

- Grünkohl zusammen mit dem Zuckersirup etwas stößeln, danach restliche Zutaten dazugeben. Das Ganze dann mit ordentlich Eis in einen Shaker und durch ein Barsieb in ein vorgekühltes Glas abseihen. Zu guter Letzt: genießen!

## Grünkohl-Muffins
## von Christoph Hahn empfohlen
## von Edith Poel

**Zutaten**

**300 g frischer Grünkohl**
**2 Knoblauchzehen**
**150 g weiche Butter**
**2 Eier**
**200 g saure Sahne**
**¼ Teelöffel Salz**
**250 g Mehl**
**2 gehäufte TL Backpulver**

**Zubereitung**

- Grünkohl waschen, von den Stielen befreien, klein schneiden und ca. 4 Minuten blanchieren, Wasser abtropfen lassen. Backofen auf 180°C vorheizen (Ober-/Unterhitze). Muffinblech einfetten. Knoblauch schälen und in kleine Würfel schneiden. Butter, Eier, saure Sahne und Salz mit einem Mixer cremig rühren. Grünkohl, Knoblauch, Mehl und Backpulver zugeben und kurz verrühren. Teig in die Muffinform geben und 20 Minuten bei 180°C backen. Muffins warm oder kalt servieren.

## Grünkohl-Pesto

**Zutaten (für ein Glas 500 ml)**

**40 g Grünkohl**
**40 g Petersilie**
**1 Knoblauchzehe**
**50 g Parmesan**
**1 Spritzer Zitronensaft**
**300 Olivenöl**
**20 g Pinienkerne**
**Salz**
**Pfeffer**
**Zucker**

**Zubereitung**

- Grünkohl und Petersilie putzen, waschen, von den Stielen befreien und grob hacken. Knoblauch schälen und klein schneiden. Parmesan auf einer Reibe grob raspeln. Mit Zitronensaft, Olivenöl und Pinienkernen in einem Mixer fein pürieren. Zum Schluss das Pesto mit Salz, Pfeffer und Zucker abschmecken.

*Tipp*

Das Grünkohl-Pesto hält sich mit Olivenöl bedeckt im Kühlschrank ca. 7 Tage.

## Grünkohl-Apfel-Sorbet mit Minze

**Zutaten (für 4 Personen)**

**250 g Grünkohl**
**2 Äpfel**
**abgeriebene Schale von einer ½ Bio-Zitrone**
**2 EL Zitronensaft**
**1 EL Honig**
**20 Minzblätter**
**2 EL Sekt**
**1 Eiweiß**
**Salz**

**Zubereitung**

- Grünkohl putzen, waschen, trocken schleudern und von den Stielen befreien. Blätter in kochendem Salzwasser 2 Minuten ziehen lassen, eiskalt abschrecken, gut abtropfen lassen und ausdrücken. Dann fein hacken. Äpfel schälen, vierteln, entkernen und in Stücke schneiden. Mit Grünkohl, Zitronenschale und -saft, Honig und Minzblättern mit einem Stabmixer mittelfein pürieren und Sekt hinzufügen. Eiweiß mit einer Prise Salz steif schlagen und unterheben. Die Masse in einer Eismaschine 30 Minuten gefrieren lassen. Danach in eine Form geben, glattstreichen und 2 Stunden gefrieren lassen. Wer keine Eismaschine hat, gibt die Eismasse in eine flache Schale und stellt sie 4 Stunden in das Gefrierfach. Dabei alle 30 Minuten durchrühren und wieder glattstreichen.

**Anrichten**

- Zum Servieren Kugeln ausstechen und in Gläsern anrichten.

# GRÜNKOHL-BEGLEITER

## Senf, Fleisch, Bier und Schnaps

# Grünkohlbegleiter

Sicher, der Grünkohl ist der Star an der Tafel. Doch ohne schmackhafte Begleiter ist so ein Grünkohlessen nicht komplett. Während einige gerne experimentieren und den Kohl mit asiatischen, afrikanischen oder mediterranen Aromen kombinieren, kommt er bei den meisten Norddeutschen doch eher klassisch auf den Tisch. Eine gute Gelegenheit, sich den Dauerbrennern der Grünkohlbeilagen zu widmen.

## Senf

Wie so viele scharfe Lebensmittel galt Senf im Mittelalter als Potenzmittel. Das erste überlieferte Senfrezept könnten wir, so schreibt es zumindest ein bekannter, am Rhein ansässiger Senfhersteller, dem Römer Palladius im 5. Jahrhundert n. Chr. zu verdanken haben. Er mischte die Körner mit Honig, Olivenöl und Essig.

Vierzehn Jahrhunderte später gestand Reichskanzler Otto von Bismarck, dass er nichts lieber äße als Frankfurter Würstchen mit Senf. Fettreiche Speisen, wie beispielsweise Frankfurter Würste, mit Senf zu vermählen ist sinnvoll. Die ätherischen Öle im Senf regen nicht nur die Speichelproduktion an, sondern auch die der Magensäure. Dadurch werden die fettigen Lebensmittel schneller verdaut.

In klassischen wie modernen Grünkohlgerichten ist Senf eine beliebte Zutat. Er kommt schon für die richtige Würze in den Eintopf, wenn der Kohl lange in Fleischbrühe und Schmalz köchelt. Später wird er zusammen mit den Fleischbeilagen und Kartoffeln gereicht. Meist wird mittelscharfer, feiner Mostrich verwendet – so wird der Senf genannt, wenn er nicht mehr als Saat, sondern als Würzpaste daherkommt. In modernen Grünkohlgerichten ist der Senf ebenfalls als Würzmittel im Einsatz. So kann man kurz blanchierten Grünkohl in einer sämigen Sahne-Senfsoße servieren, auch die Kombination Grünkohl und Fisch lässt sich mit Senfkörnern oder Tafelsenf verfeinern. Wer besondere Qualität mit Regionalität beim Senfkauf verbinden möchte, achtet auf ein traditionelles Stein- oder Kaltmahlverfahren. Hierbei werden die ätherischen Öle besonders schonend aus der Saat gewonnen. Hochwertige Senfmanufakturen findet man unter anderem in Einbeck (Niedersachsen), Schlemmin (Mecklenburg-Vorpommern) und Hamburg.

## Selbstgemachter Senf (Grundrezept)

**Zutaten (für ein Glas)**
**100 g Senfkörner**
**40–50 g Zucker**
**1–2 TL Salz**
**bei Bedarf etwas Kurkuma für die Farbe**
**50 ml Wasser**
**130 ml weißer Balsamico oder Weißweinessig**

**Zubereitung**

- Die Senfkörner im Mörser oder einer Kaffeemühle so fein wie gewünscht mahlen. Bei elektrischen Mühlen darauf achten, dass keine Hitze entsteht. Mit Zucker, Salz und Kurkuma mischen. Wasser und Essig erhitzen, danach lauwarm abkühlen lassen. Die abgekühlte Flüssigkeit (Vorsicht: Zu große Hitze macht den Senf bitter) über die trockenen Zutaten geben. Mindestens 3 Minuten gut verrühren, zum Beispiel mit einem Mixer. In ein steriles, gut verschließbares Glas füllen. Der Senf sollte vor dem Verzehr mindestens über Nacht, eher **24 Stunden** stehen gelassen werden, um sein Aroma zu entfalten.

*Tipps*

Komponenten wie Orangenzeste, Mohn, Weißwein, Honig oder Kräuter geben dem Rezept einen Extrakick.

Je dunkler die Senfkörner, desto schärfer der Mostrich.

## Fleisch

Zum klassischen Grünkohl wird traditionell, egal in welcher deutschen Region, gepökeltes und/ oder geräuchertes Fleisch gegessen. Vor der elektrischen und damit immer verfügbaren Kühlung, die sich erst in den 1960er Jahren durchsetzte, musste das Fleisch nach der Schlachtung unmittelbar gegessen oder konserviert werden. Bekannt waren deswegen die Methoden des Pökelns, Räucherns oder Trocknens. Dadurch wurden die Produkte ideale Wegbegleiter für strenge Winter und lange Reisen. Beim Pökeln wurde das Fleisch entweder mit Salz und Gewürzen trocken eingerieben und anschließend in einen Bottich gepresst, wodurch dem Fleisch das Wasser entzogen wurde und eine Lake entstand. Oder aber das Fleisch wurde mit einer Salzlake bedeckt und mehrere Wochen stehen gelassen, bis es gepökelt war.

Eine beliebte Methode war und ist noch immer das Räuchern. Auch hierfür wird das Fleisch vorher zumindest leicht gepökelt. Grundsätzlich unterscheidet man zwischen Kalt-, Warm- und Heißräuchern. Insbesondere das etwas langwierigere Kalträuchern bei 30 bis maximal 40°C dient der langen Haltbarkeit. Bekanntes wie beliebtes norddeutsches Räuchergut – vor allem natürlich zu Grünkohl – sind die Mettwürste in all ihrer Vielfalt.

## Kleines Fleisch-und-Wurst-ABC

Mettwürste, wie sie in unterschiedlichen Varianten und unter unterschiedlichen Namen bundesweit bekannt und unabdingbar für ein klassisches Grünkohlessen sind, haben eine lange Tradition. Der Begriff der Mettwurst, beziehungsweise Metworst im Niederdeutschen, taucht bereits im 16. Jahrhundert auf. Doch was sind eigentlich Rauchenden, warum heißt die Kultwurst Pinkel und was genau ist eigentlich in der Lungenwurst? Ein Überblick.

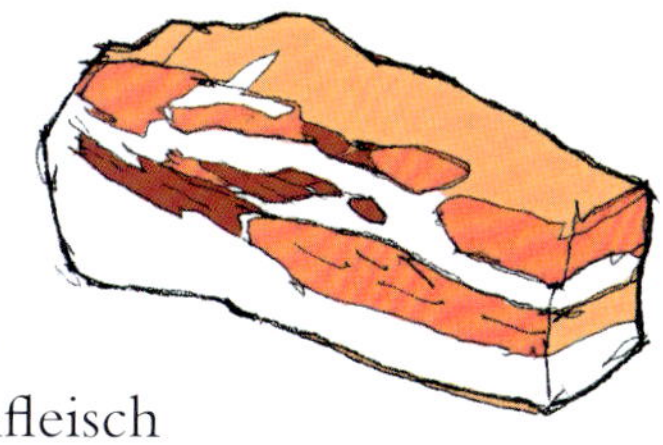

**Bauchfleisch** ist das fettigste Teilstück des Schweins und mit Rippen durchzogen. Geräuchert wird es, genau wie Schweinebacke, gerne mit in den Topf zum Grünkohl gegeben, um dort mitzukochen und sein Fett und Geschmack an den Kohl abzugeben. Für Frühstücksspeck (Bacon) werden aus dem gepökelten Bauchfleisch dünne Scheiben geschnitten.

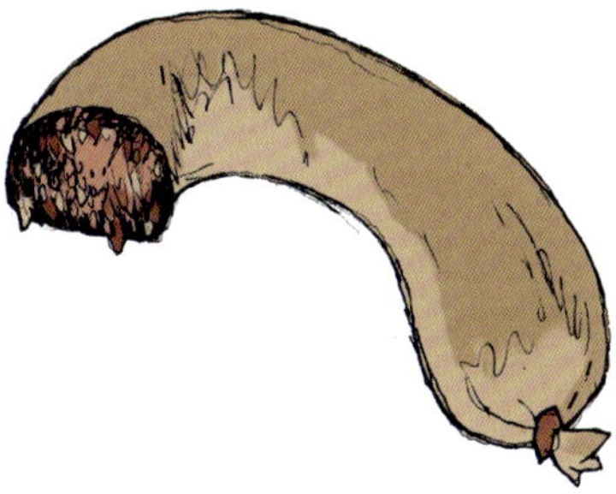

**Bregenwurst** Vor allem in Niedersachsen darf eines auf der Grünkohltafel nicht fehlen: die Bregen- oder Brägenwurst. Bregen stammt aus dem Plattdeutschen und bedeutet »Hirn«. Auch in Schleswig-Holstein wurde die Wurst früher gegessen. Im Wesentlichen stimmt die Herstellung mit derjenigen der Kochwurst überein. Bregenwurst hat jedoch eine gröbere Fettkörnung. Je nach Region und Betrieb kann sie aber auch dem Typ einer Brüh- oder Rohwurst entsprechen. Ihren Namen hat die Wurst der früheren Hauptzutat zu verdanken: Rinder- oder Schweinehirn. Doch der Name darf heute niemanden mehr abschrecken, denn seit der BSE-Krise im Jahr 2001 wird kein Hirn mehr verarbeitet. Im Gegensatz zur Pinkelwurst, die mit einem Anteil an Hafer- oder Gerstengrütze hergestellt wird, besteht die Bregenwurst nur aus Fleisch.

**Kassler / Kasseler** ist der Oberbegriff für gepökeltes, leicht geräuchertes Schweinefleisch von Rippe, Kamm, Schulter oder Bauch. Der Name Kassler oder Kasseler lässt nicht etwa auf die hessische Stadt Kassel schließen, sondern auf den Nachnamen des angeblichen Erfinders. Es soll der Berliner Fleischermeister Cassel gewesen sein. Laut der Berliner Morgenpost legte der Fleischermeister 1880 in Berlin-Schöneberg einen Schweinerücken in einer Salzlake ein, um ihn haltbarer zu machen. Ob er nun

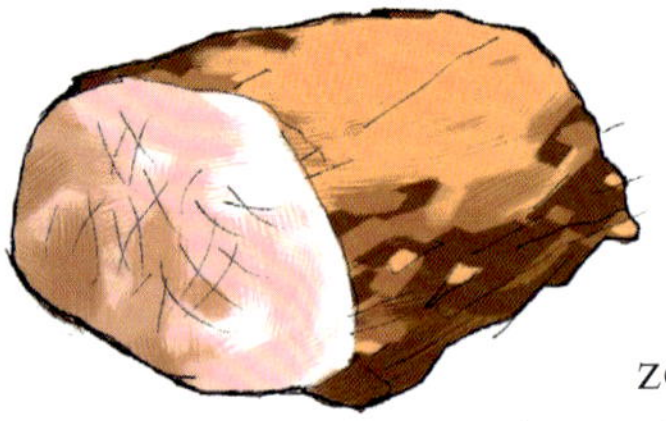

der Urheber war oder sich die Geschichte doch anders verhielt, Kassler wurde jedenfalls zur Lieblingszutat für Eintöpfe und Kohl aller Art.

Durch das Pökeln wird dem Fleisch Wasser entzogen, was zusammen mit dem Räuchern nicht nur eine lange Haltbarkeit bringt. Das Fleisch kommt ohne lange Kochzeiten aus und ein hochwertiges Stück wie der Kasslerlachs kann nach dem Kauf auch direkt kalt gegessen werden. Besonders magerer Kassler ist deshalb auch als Aufschnitt beliebt.

Im Grünkohl sollte Kasslerfleisch (je nach Dicke des Stücks) erst recht spät mit in den Kohl gegeben werden. Bei Kassler in dicken Scheiben empfiehlt sich, diese nur etwa eine halbe Stunde mit dem Kohl zu kochen, da sie sonst trocken und hart werden.

**Kochwurst** Bei der Kochwurst handelt es sich um eine grobkörnige, geräucherte Rohwurst, nicht etwa um gekochte Würste wie Blut- oder Leberwurst. Die Kochwurst besteht aus magerem Schweinebauch und Schweinefleisch und ist vor allem in Schleswig-Holstein und Hamburg beliebt. Der Begriff Kochwurst stammt vielmehr von der Zubereitungsform, denn die Würste werden im Kohl sanft mitgekocht. Hierbei geben sie die Raucharomen an den Kohl ab. Manchmal wird ein Teil der Kochwürste vor dem Kochen eingestochen, damit sie das Aroma besser an den Kohl abgeben. Diese werden im Anschluss dann jedoch nicht mehr serviert.

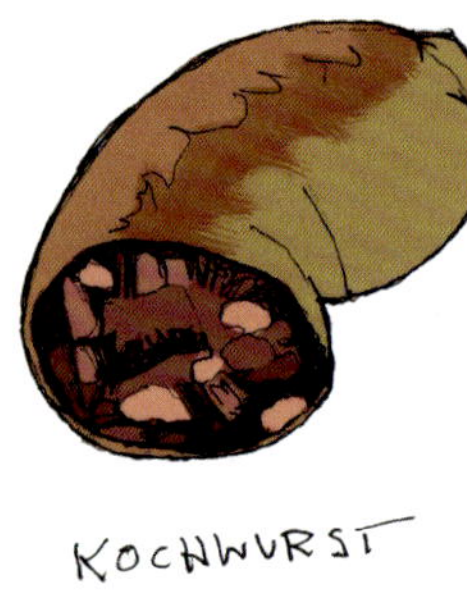


Bei der Herstellung wird zum frischen Fleisch Pökelsalz gegeben, dadurch erhalten die Würste ihre rötliche Farbe. Das gepökelte Fleisch wird dann im Wolf zerkleinert. Neben Zwiebeln kommen Gewürze wie Pfeffer, Majoran, Thymian und Senfkörner an die Kochwurst. Die genaue Zusammenstellung ist von Fleischer zu Fleischer verschieden. Oft werden Kochwürste auch als Rauchenden oder Mettenden bezeichnet.

**Lungenwurst** ist eine kräftige, geräucherte Rohwurst. Sie besteht aus Schweinefleisch und -fett. Wie auch die Bregenwurst hat sie ihren Namen einer speziellen Zutat zu verdanken: der Lunge. Lungenwurst gilt als Spezialität in der schlesischen und nordostdeutschen Küche. So gehört sie beispielsweise fest zu Knieperkohl (Gebiet Prignitz) und war in der DDR sehr beliebt.

Die Lungenwurst wird mit Gewürzen wie Piment, Pfeffer, Senfsaat und Thymian abgeschmeckt und gart ebenfalls im Kohl, anstatt separat gekocht oder gebraten zu werden.

**Pinkel** Der Ursprung der Pinkelwurst ist umstritten. Die einen sagen, diese spezielle, im Raum Ostfriesland, Oldenburg und Bremen verbreitete Wurst sei eine Arme-Leute-Beilage zum Grünkohl gewesen. Mangels großer Fleischmengen streckte man die Wurst mit Hafergrütze und Speckwürfeln. Für eine längere Haltbarkeit wurde die Pinkel dann geräuchert. Andere sagen, die Pinkelwurst sei auch in höheren Kreisen immer schon zu Grünkohl gegessen worden und nie nur ein Arme-Leute-Essen, sondern eine waschechte Delikatesse gewesen.

Die Rezeptur variiert von Ort zu Ort, und jeder Produzent hat sein hauseigenes Rezept. Bekannt ist die Pinkel der Oldenburger, Ammerländer und Bremer. Man munkelt, zwischen Oldenburger und Bremer Fleischern bestehe sogar ein kleiner Zwist darüber, wer die bessere Pinkel herstellt. Es gibt die Pinkel mit essbarem Darm (Oldenburger Raum) und in einer nicht essbaren Variante, bei der das Innere herausgepellt wird (Bremer Raum). Die körnige Masse besteht im Wesentlichen aus Speck, Grütze, Rindertalg, Schmalz, Zwiebeln und Gewürzen.

Der Name der Wurst leitet sich nicht etwa von dem Wort pinkeln ab. Vielmehr bedeutet Pinkel oder Püngel wohl »zusammengedrängte

Masse« oder »kurzer, dicker Gegenstand«. Andere leiten das Wort von dem plattdeutschen Ausdruck *Pinker* für den Mastdarm ab, der traditionell bis heute als Wursthülle verwendet wird.

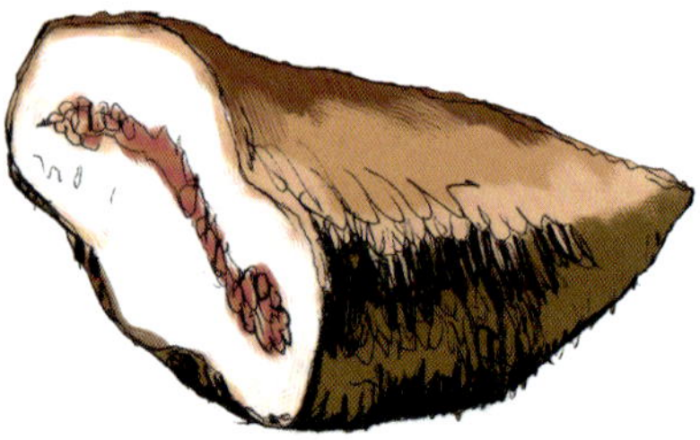
SCHWEINEBACKE

**Die Schweinebacke** wird durch den stark beanspruchten Kaumuskel zu einem langfaserigen, schmackhaften und fettreichen Stück Fleisch. Schweinebäckchen benötigen aufgrund ihrer Struktur und Beschaffenheit eine längere Zeit, bis sie gar und zart ist. Sie eignen sich daher nicht zum Kurzbraten, sondern nur zum Kochen oder Schmoren. Für den Grünkohl werden sie zumeist bereits gegart und geräuchert angeboten.

# FLENSBURGER – echtes norddeutsches Bier genießen

Für die größte Privatbrauerei Schleswig-Holsteins ist das Flensburger Pilsener das wichtigste Produkt. Die wandelnden Etiketten des Flensburger Pilseners erzählen diese 100-jährige Biergeschichte auf wunderbarste Weise – der schöne satt-dumpfe Öffnungslaut des original Flensburger Bügelverschlusses hingegen begleitet treu und hat uns viele einzigartige »plop.«Momente beschert. Das Flensburger Pilsener steht für die nordische Biertradition.

**Reif für norddeutschen Urlaub?** Entspannte Urlaubstage dank Meeresrauschen, Dünenlandschaften und endlose Sandstrände. An der Ostsee und an der Nordsee lohnt sich ein Urlaub das ganze Jahr. Norddeutschland und Flensburg sind immer eine Reise wert: am Wattenmeer spazieren gehen, Sonnenuntergänge im Strandkorb genießen und abends gemütlich zusammensitzen. Doch was könnte noch schöner sein als diese Momente »plop.« frisch zu genießen? Richtig gehört. Das FLENSBURGER PILSENER ist das Original für alle, die reif für

traditionelle Genussmomente sind. Herbwürzig, goldgelb, frisch und ein einzigartiges Geschmackserlebnis. Erlesene Inhaltsstoffe können durch das besondere Flensburger Brauerei-Brauverfahren »Merlin« erhalten bleiben. Gebraut werden die FLENSBURGER Biere mit exzellentem Wasser in Mineralwasser-Qualität aus der hauseigenen Flensburger Gletscherquelle und mit Küstengerste aus Schleswig-Holstein. Richtig gehört. Das FLENSBURGER PILSENER ist das Original für alle, die ein echtes regionales nordisches Bier genießen wollen. Was gibt es Schöneres, als sich in die Dünen zu setzen, sich der Meeresbrise hinzugeben und sich vom Nordisch-Feeling treiben zu lassen? Schon seit über 100 Jahre genießen Urlauber und Urlauberinnen das Getränk in der Flasche mit dem Bügelverschluss. National begeistert das Jubiläumsbier auch die Bier-Sommeliers. So ist es nicht verwunderlich, dass FLENSBURGER PILSENER auf den norddeutschen Winterklassiker Grünkohl treffen musste. Mit seinen würzigen Bitterstoffen und der kühlen Frische bietet das klassisch-norddeutsche Pils einen angenehmen Kontrast zum Lieblingskohlgericht der Norddeutschen. Ein Paar fürs Leben!

Erst kürzlich gewann das FLENSBURGER PILSENER beim Meiningers International Craft Beer Award unter mehr als 550 Produkten »SILBER« in der Kategorie Pils (German Style). Einen »plop.«schönen Urlaub und guten Grünkohl-Appetit mit dem Original FLENSBURGER PILSENER.

## Flüssige Grünkohlbegleiter

Zum Grünkohl gehört ein frisch gezapftes Bier – bevorzugt ein herbes Pils – genauso wie Pinkel und Kartoffeln. Traditionsbewusste Norddeutsche sind sich da einig. Doch die Trendbewegung und der Blick in die verschiedenen Grünkohlregionen zeigen, dass man sich nicht so einfach festlegen kann. Warum auch? Die Vielfalt des Grünkohls ist grenzenlos in Geschmack und Zubereitung, warum sollte es dann einen Königsweg bei den flüssigen (und hochprozentigen) Begleitern geben? Hier ein kleiner Überblick.

**Bier** »Bier ist eine wahrhaft göttliche Medizin«, sagte Paracelsus im 16. Jahrhundert. Es galt zu der Zeit als Grundnahrungsmittel und war durch das Erhitzen beim Brauen oft reiner und bekömmlicher als Wasser. Hinzu kommt, dass Hamburg die Brauhochburg des Mittelalters war. Es ist daher nicht verwunderlich, dass der norddeutsche Getränkeklassiker Bier auf den norddeutschen Winterklassiker Grünkohl treffen musste.

Mit seinen Bitterstoffen, der kühlen Frische und Kohlensäure bietet ein klassisch-norddeutsches Pils einen angenehmen Kontrast zum süßlichen und alles andere als leichten klassischen Kohlgericht. Zu Würsten passt Bier allemal, da muss man nur im Stadion lokaler Sportmannschaften nachsehen: Die allseits beliebte Kombi gibt es an jedem Eck. Für Wein, so sagen die Bierverfechterinnen und -verfechter, sei das Gericht zu deftig, zu aromatisch. Wer dem zustimmt, hat noch immer die Qual der Wahl in der Welt des Gehopften. Ober- oder untergärig, trüb oder klar, Weizen oder Pils, Bock oder Dunkelbier – die Optionen sind vielfältig und ganz abhängig von der persönlichen Vorliebe.

In Oldenburg wurde zeitweise das Bier nicht nur zum Grünkohl getrunken, sondern auch mit Grünkohl gebraut. So entstand das Oldenburger Palmenbräu mit einer würzigen Note.

Entgegen Paracelsus' Aussage darf Bier heute nicht mehr als »bekömmlich« beworben werden. Denn es schmeckt zwar frisch, doch sowohl die Kalorien als auch der Alkohol im Bier machen das Getränk zu einem nicht gerade diätkonformen Essensbegleiter. Doch wer das Bier zum Grünkohl in Maßen, nicht in der Maß, trinkt und dazu noch auf Qualität und Regionalität setzt, wird mit einem großartigen kulinarischen Erlebnis belohnt. Kleine, unabhängige Brauereien wie Landgang, Ratsherrn, Wildwuchs (alle Hamburg), Lillebräu oder Czerny's Küstenbrauerei (Kiel), Ols Brauerei (Oldenburg), die Rügener Inselbrauerei, Finne Brauerei (Münster) oder die Union Brauerei (Bremen) bieten genau das richtige gehopfte Ausgangsmaterial für ebenjenes Erlebnis.

**Schnaps** Aus medizinischen Gründen, so heißt es, trinkt man etwas Hochprozentiges nach dem Grünkohlessen. Hoch im Kurs stehen Korn und Aquavit, Kümmel und Kräuterschnäpse.

Kräuterschnaps soll bekanntermaßen den Magen aufräumen. Und tatsächlich helfen Kräuter wie Kümmel, Minze und Kamille bei Magenbeschwerden und Sodbrennen. Anders als jedoch angenommen, müssen diese Kräuter nicht von Schnaps komplementiert werden, um ihre Wirkung zu entfalten. Im Gegenteil: Alkohol nach dem Essen beschleunigt die Verdauung nicht, sondern verlangsamt sie. Alkohol hilft lediglich gegen das Völlegefühl, weil er die Magenmuskulatur lockert. In geselliger Runde und als krönender Grünkohlabschluss macht das jedoch nichts. Ein absoluter Klassiker nach dem Grünkohlessen ist in Norddeutschland der Helbing-Kümmel.

Das Grünkohlessen bietet aber auch die ideale Möglichkeit, die neue und junge Brennerszene Norddeutschlands zu erforschen. Seit einigen Jahren ist neben den Trend-Destillaten wie Gin und Whisky auch der norddeutsche Korn wieder cool. Nachdem er durch billigen Fusel jahrelang an einem Imageproblem gelitten hat, wird ihm heute verstärkt Aufmerksamkeit und Liebe geschenkt. Er wird ruhen gelassen, reift in Holz- statt Edelstahlfässern und wird in edles Flaschenwerk abgefüllt. Wer klassischen Grünkohl isst, muss also nicht automatisch klassischen Fusel trinken.

Grünkohlbegeisterte, die das Mahl mit einer edlen Spirituose beenden möchten, sollten sich an die kleinen Destillerien in den Grünkohlregionen wenden – hier bekommt man den besten Digestif zum Essen.

In Bremen betreibt Birgitta Schulze van Loon seit 2011 ihre Destillerie »Piekfeine Brände« in einer gläsernen Manufaktur am Europahafen in Bremen. Hier entstehen Brände, Geiste und Liköre. Der Grünkohl ist kulturell fest in Bremen verankert, und so wundert es nicht, dass sie nicht nur hervorragende Destillate wie den eichenholzfassgelagerten »piekfeinen« Doppelkorn in ihrem Sortiment hat: Grünkohl befindet sich auch in der Brennblase. Ihr Aquavit »Bremer Kööm« hat neben zahlreichen Kräutern wie Dillspitzen, Koriander und Fenchel seinen einzigartigen Geschmack auch dem Grünkohl zu verdanken. Als während der Corona-Pandemie viele Grünkohlveranstaltungen wie die Kohlfahrten ausfallen mussten, entwickelte die Brennerin zusammen mit »Made in Bremen« ihren »Knall-Kohl«-Geist mit 38 Vol.-%. Der Kohl wird dafür frisch vom Bauern in Neutralalkohol mazeriert und anschließend destilliert. Die daraus entstehenden typischen Grünkohlaromen werden mit weiteren Kräuter- und Gemüsegeisten abgerundet.

Ein paar Kilometer weiter haben Pascal Tautenhahn und Fabian Schwartz, zwei Oldenburger Jungs, ihr Unternehmen Alte Burg Gin gegründet und den Oldenburg Dry Gin entwickelt. Seither versorgen sie die Oldenburgerinnen und Oldenburger mit ihrem Lieblingsgemüse in Flüssigform. Die beiden sind mit Grünkohl groß geworden, nun ist er also in einer schicken schwarzen Flasche mit händisch eingetragener Batchnummer als idealer Partner zu Tonic Water erhältlich. Die Komposition aus Orangen und Heidelbeeren führt zu einem fruchtig-frischen Gin, begleitet von einem subtilen, herben Aroma des Grünkohls. Eine überzeugende Mischung, die kein bisschen kohlig anmutet. Durch die vielfältigen und doch ausgewogenen Botanicals bereichert der Gin ein winterliches Grünkohlessen genauso wie einen geselligen Sommerabend.

**Wein** Bevor Wein zu Grünkohl getrunken wird, wird der Kohl-Klassiker schon eher vegan versucht! Oder? Es fließt Gehopftes durch die Adern der passionierten Grünkohlfans, das war schon immer so und wird auch immer so sein. Ein paar mutige Weinkennerinnen und -kenner wagen es doch, geben Empfehlungen und sagen, dass Grünkohl keinesfalls zu deftig für den edlen Rebensaft sei. Edgar Wilkening von wineroom.de sagt: »Wein und Grünkohl, das geht. Sogar ganz formidabel, sofern es sich um traditionell gemachten südafrikanischen Pinotage handelt. In Westfalen würde man sagen: Der passt wie Arsch auf Eimer.«

Doch auch wer sich beim traditionellen Grünkohleintopf mit Kassler- und Wurstbeilage lieber an ein klassisches Bier hält, kann durchaus bei der Getränkeauswahl experimentieren, wenn er oder sie es mit dem Grünkohl tut. In vielen modernen Rezepten wird der Kohl lediglich kurz blanchiert, gebraten und mit mediterranen Zutaten wie Pasta, getrockneten Tomaten, Zitrone oder Feta kombiniert. Grünkohl ist – je nach Sorte – von Natur aus eher herb und leicht bitter. Dazu passt ein kräftiger, nicht zu säurebetonter Weißwein, der mit der Herbheit im Kohl nicht zusammenprallt. Beispielsweise ein im Barriquefass gelagerter Chardonnay oder ein Grau-

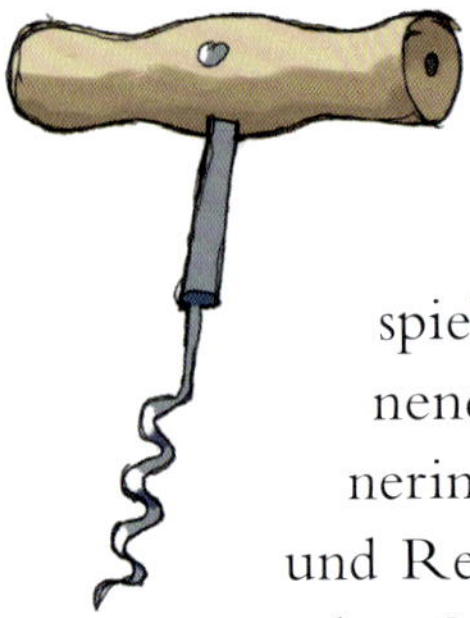

burgunder aus Baden. Auch ein kräftiger Silvaner aus Franken kann hier munden.

Wer lieber zum Rotwein greift, kann sich an einer Sorte mit sanfter Milde und klarer, dichter Frucht versuchen, wie beispielsweise einem Beaujolais. Ein samtener Zweigelt kann einen spannenden Kontrast zum Essen bieten. Rezeptentwicklerin und Weinkennerin Sophia Schillik, Journalistin, Foodfotografin, freie Redakteurin und Rezept- & Kochbuchautorin, kombiniert einen cremigen und zitrischen Sauvignon Blanc zu ihrem Linsensalat mit Grünkohl und Oliven. Im Zweifel gilt immer: Es passt, was einem schmeckt. Da hilft nur, mutig zu sein und verschiedene Rezepte mit Bier, Wein, Schnaps, Fassbrause oder anderen schönen Drinks zu kombinieren.

**Saft** Zwar handelt es sich hierbei selten um einen Begleiter zum Grünkohlessen, sondern vielmehr um ein eigenständiges Gericht – dennoch ist Grünkohl in Saft- und Smoothieform erwähnens- und empfehlenswert. Als Verbrennungsbooster und Lieferant wichtiger Nährstoffe sind gerade die jungen, milden Grünkohltriebe beliebt für diese Zubereitungsform. Säfte und Smoothies aller Art können gut in der heimischen Küche hergestellt werden, hierzu reichen ein Entsafter bzw. Standmixer und eine Handvoll Zutaten. Doch auch Unternehmen haben den Getränketrend im Visier. Im Alten Land befindet sich beispielsweise die Nordsaft GmbH. In dieser Saftmanufaktur entstehen wohlklingende Drinks wie »Kalvin Kale« und »Kelly Kale«. Dahinter verbergen sich Säfte mit Grünkohl, Apfel, Sellerie und anderen Gesundheitsboostern. Der Grünkohl, so die Gründer Annemarie und Konstantin, ist nicht nur Namensgeber ihrer Firma KALE&ME, sondern auch der Hauptgrund, ihre Firma in Norddeutschland aufzuziehen.

# HELBING und Grünkohl. Das gehört sich so.

## Traditionsbewusst mit weltoffen Blick

Wie es der Hummel als feine Prägung auf der grünen, nostalgisch anmutenden Flasche verdeutlicht: HELBING gehört zu Hamburg wie der Hafen, der Michel und die Elbphilharmonie. Als Marktführer in Deutschland erobert er dank seines unaufdringlichen Charmes und der unveränderten Rezeptur seit jeher nicht nur die Herzen der Nordlichter – traditionsbewusst und mit einem weltoffenen Blick. Schließlich gilt Hamburg als das Tor zu Welt. Hier sind Gastfreundlichkeit und ein ausgeprägtes Traditionsbewusstsein Werte, auf die man sich gerne besinnt und die HELBING mit jedem Schluck verkörpert.

## Kultige Hamburger Grünkohl-Ikone

HELBING wurde am 14. Februar 1836 zunächst unter dem Namen Helbingsche Dampfkornbrennerei in Hamburg-Wandsbek gegründet. Damit ist HELBING nachweislich die älteste Spirituose Hamburgs.

HELBING wird nach wie vor nach dem geheimen Rezept aus dem 19. Jahrhundert hergestellt, das sich heute im Familienbesitz der BORCO-Inhaberfamilie Matthiesen befindet, die HELBING seit 1974 nach höchsten Qualitätsansprüchen in Hamburg-Bahrenfeld brennt und seine Tradition behutsam fortführt.

Sein erlesenes Aroma ist das Ergebnis einer aufwendigen Produktion, bei der ausschließlich erlesene Kümmelsamen der Küstenregionen und erstklassige Zutaten verwendet werden. Das Ergebnis ist ein Kümmel mit feinblumigem Bukett, weichem Geschmack mit dezentem Kümmelaroma. Traditionell genießt man HELBING pur, eisgekühlt im Stamper. Doch sein unverwechselbares Geschmacksprofil entfaltet sich ebenfalls in zahlreichen Drink-Kreationen wie HELBING Tonic oder HELBING Basil Smash. In Hamburg genießt man gern das Hamburger Gedeck, beim dem zu HELBING ein kühles Bier gereicht wird. HELBING erfreut sich einer derart großen Fanbase, das eine eigene Modekollektion im helbing-shop.de das Sortiment bereichert. Nicht nur als Zutat in Cocktails und als Begleiter zu Matjes zeigt er sich vielfältig, regional, authentisch, harmonierend, sondern auch in Kombination zu facettenreichen Grünkohl-Gerichten. Seit Gründung vor über 180 Jahren ist die Marke eng verbunden mit der norddeutschen Genusskultur und darf bei keinen Traditionsgerichten und neuen Menü-Interpretationen fehlen. Eisgekühlt, direkt aus dem Eisfach, sorgt HELBING mit seinem feinen und mild-würzigen Aroma in der Grünkohl-Saison für besondere Genussmomente. Denn: Das gehört sich so.

## Autorinnen und Autor

**Jens Mecklenburg** lebt und arbeitet als Journalist und Autor an der Kieler Förde. Der gebürtige Hamburger ist Herausgeber des Online-Magazins »Nordische Esskultur« und der Buchreihe »Edition Nordische Esskultur«. Er beschäftigt sich mit allen Themen rund ums Essen und Trinken und hat zahlreiche kulinarische Bücher publiziert, zuletzt gemeinsam mit Thomas Sampl *Das neue Hamburg Kochbuch*. Als Autor, Referent und Berater setzt er sich engagiert für die Förderung regionaler Genusskultur ein. An Grünkohl schätzt er die vielfältigen Einsatzmöglichkeit in der Küche: als Chips, knackiges Gemüse bis hin zu Eis- und Schokoladenkreationen.

**Johanna Rädecke** lebt in Hamburg, hat an der Christian-Albrechts-Universität zu Kiel Deutsch und Soziologie studiert. Sie ist Redakteurin beim Online-Magazin »Nordische Esskultur«, wirkte als Autorin bei der »Edition Nordische Esskultur« mit und arbeitet für den KJM Buchverlag in Hamburg. Sie hat ein Faible für gutes Essen und die Modernisierung traditioneller Gerichte, um sie nachfolgenden Generationen zugänglich zu machen. Beim Thema Grünkohl führt sie die Tradition ihrer Oma aus Schleswig-Holstein für die ganze Familie weiter: karamellisierte Kartoffeln und Schweinebacke. Davon abgesehen liebt sie den Mix des heimischen Kohls mit fernöstlichen oder afrikanischen Aromen wie Kokosmilch und Erdnussbutter.

**Gabriele Haefs,** geboren in Wachtendonk am Niederrhein, ist studierte Keltologin, lebt in Hamburg, übersetzt aus zahlreichen nordischen Sprachen, z. B. *Sofies Welt* aus dem Norwegischen, und schreibt viel beachtete Kultur- und Reiseführer über die nordischen Länder, zuletzt: *111 Orte in Oslo, die man gesehen haben muss*. Für das Online-Magazin »Nordische Esskultur« schreibt sie über die kulinarischen Genüsse in Skandinavien und auf den Britischen Inseln. Für dieses Buch schaute sie sich in diesen Gebieten nach Grünkohl um und fand interessante Geschichten und Rezepte. Bei Grünkohl bevorzugt sie die althergebrachte Art: als Eintopf – Grünkohl und Kartoffeln vermischt – mit geräucherter Mettwurst auf niederrheinische Art.

## Danksagung

Dieses Buch wäre ohne die freundlichen Tipps und Anregungen, die Kritik und fachliche Beratung zahlreicher Menschen nicht möglich gewesen. Besonders bedanken möchten wir uns bei Norbert Bosse, Halldór Guðmundsson, Christoph Hahn, Margaret Kirk, Bettina Koch, Bill McCann, Rachel McNicholl, Karola Olofsson, Ness Owen, Renate Rebmann, Henk Scholte und Philippe Vasnier.

Unser Dank gilt auch den zahlreichen Köchinnen und Köchen, die uns tatkräftig dabei geholfen haben, das unglaubliche kulinarische Potenzial des Grünkohls zu heben.

## Grünkohltipps: gute Produzenten

### Bremen

**NORK GmbH & Co. KG**
Kreuzstraße 87, 28203 Bremen
Angesagter, hochwertiger und regionaler Korn, mit dem man angeblich »Drinks zaubern kann, derentwegen es sich wieder lohnt, Kinder zu zeugen«. Vertriebsstellen und Onlineshop unter thisisnork.com

**Piekfeine Brände – Brennerei & Shop**
Hoerneckestraße 3, 28217 Bremen
Telefon 0421 69668951
Verkauf von hochwertigen und aromatischen Bränden und Geisten wie dem Bremer Kööm und dem Knallkohl im hauseigenen Shop, gut sortierten Spirituosenfachhändlern und online unter piekfeinebraende.de

## Hamburg

### Hitscherberger Hof

Kirchwerder Hausdeich 124, 21037 Hamburg
Telefon 040 7234317
Familie Petersen betreibt einen ganzjährigen Anbau von Grünkohl für die Liebhaber von nahrhaften Smoothies. Verkauf von frischem Grünkohl auf dem Rahlstedter Wochenmarkt: Mittwoch und Samstag von 8 bis 13 Uhr.

## Mecklenburg-Vorpommern

### Hof Medewege

Gärtnerei Hof Medewege
Hauptstraße 17, 19055 Schwerin
Auf dem Bio-Hof werden auf 3 ha die samenfeste Sorte Westländer Winter und die Hybridsorte Winterbor angebaut.
Mehr Informationen unter hof-medewege.de

### Fleischerei Ockens

Lindenstraße 51, 19288 Ludwigslust
Die Fleischerei wird in dritter Generation familiengeführt und bietet zahlreiche Spezialitäten aus Mecklenburg-Vorpommern an – darunter auch die »Lungenwurst«, welche bei einem typischen Grünkohlessen aus der Region nicht fehlen darf.
Mehr Informationen unter fleischerei-feinkost-ockens.de

## Niedersachsen

### ALTE BURG – Oldenburg Dry Gin

Tiemannhof 3, 26123 Oldenburg
Telefon 0172 2953908
Der Oldenburg Dry Gin besticht mit einer Aromenkomposition aus Orange, Blaubeere und Grünkohl. Verkauf online unter alterburggin.de

**Café Klinge**

Das traditionsreiche Café Klinge hat seine Türen in Oldenburg endgültig geschlossen. Online sind die Spezialitäten wie die berühmte Grünkohlpraline jedoch weiterhin in der Saison unter cafe-klinge.de verfügbar.

**Dreschflegel-Hof: Reinhard Lühring, Naturland**

Schatteburger Straße 25, 26817 Rhauderfehn
Telefon 04952 828401
Reinhard Lühring hat es sich zur Aufgabe gemacht, alte Grünkohlsorten zu finden, zu bewahren und zu kultivieren. Verkauf von Saatgut (alte und seltene Grünkohlsorten) via dreschflegel-shop.de

**Eytjehof – Arndt Eyting**

Zwischenahner Straße 2, 26215 Wiefelstede
Seit 1428 liefert der Hof landwirtschaftliche Erzeugnisse aus kleinen Strukturen. Der Grünkohl – die klassische Oldenburger Palme – wird immer nach Bedarf frisch geerntet.
Mehr Informationen unter eytjehof.de

**Landleckereien | Anne de Vries**

Telefon 04952 8908363
Grünkohlpesto und andere leckere Chutneys, Aufstriche und Relishes.
Alle Verkaufsstellen in Niedersachsen unter landleckereien.de/kontakt/

**Marktgärtnerei Erdfrüchte**

Landschulheimweg 14a, 26209 Hatten-Sandkrug
Seit über 30 Jahren wird in der im Landschaftsschutzgebiet zwischen Hunte und Osenbergen gelegenen Marktgärtnerei nach den Bioland-Richtlinien gearbeitet. Ihr Grünkohl – verschiedene samenfeste Sorten – hat in der Region einen guten Ruf.
Mehr Informationen unter erdfruechte.de

**Museumsbauernhof Wennerstorf**
Lindenstraße 4, 21279 Wenzendorf
Telefon 04165 211349
Grünkohl-Informationstage, Verkauf von alten Sorten (Jungpflanzen) und sortenrein eingekochtem Grünkohl. Mehr Informationen unter kiekeberg-museum.de/blick-ins-museum/aussenstellen/museumsbauernhof-wennerstorf

**NORDIK**
Bahnhofstraße 4, 21640 Horneburg
Bester Korn und Aquavit (und andere Edelspirituosen) als Grünkohlbegleiter aus dem Alten Land. Arndt Weßel gehört zu den besten Destillateuren im Norden. www.nordik-edelbrennerei.de

**Nölker & Nölker**
Lange Straße 37, 26122 Oldenburg
Teehandel seit 1920. Hat einen Grünkohltee im Angebot, eine Kombination von mildem Sencha, kräftigem Grünkohl und einem Hauch von Pfirsich. Mehr Informationen unter noelker-noelker.de

**Senfonie – Wilhelmshavener Senfmanufaktur**
Rheinstraße 31, 26382 Wilhelmshaven
Senfmanufaktur in Handarbeit. Hier gibt es hervorragenden »Pinkelmostrich« für die nächste Grünkohltafel. Onlineshop unter kuestensenf.de/collections

**Stadtfleischerei Bartsch**
Hochheider Weg 179, 26125 Oldenburg
Telefon 0441 933860
Alles an Fleisch, was es für ein traditionelles Grünkohlessen nach Oldenburger Art braucht. Liefert Fleisch und Wurst für das jährliche »Ollnborger Gröönkohl Äten« in Berlin.

## Nordrhein-Westfalen

**LWL-Freilichtmuseum Detmold**
**Krummes Haus**
32760 Detmold
Telefon 05231 7060
Kultivierung der alten Sorte »Lippische Palme«. Im Rahmen von Patenschaften werden Samen an interessierte Gärtner weitergegeben. Die Lippische Palme ist käuflich erwerbbar als Jungpflanze oder eingekocht im Shop des Freilichtmuseums. Mehr Informationen unter lwl-freilicht museum-detmold.de

**Naturlandhof Jan Fleischfresser**
Bollenbrink 5, 32689 Kalletal-Lüdenhausen
Telefon 0151 46124006
Jan Fleischfresser baut die seltene »Lippische Palme« auf zwei Hektar Land an. Die hochstämmige Sorte gilt als Kulturgut der Region Ostfalen-Lippe und ist besonders mild im Geschmack.

## Schleswig-Holstein

**Czernys Küstendestillerie**
Deichweg 20, Seefestung Friedrichsort, 24159 Kiel
Der Beste Korn weit und breit kommt aus Kiel und heißt Gyldenlöv. Ob Korn, Bierbrände oder Whisky – alles ideale Grünkohlbegleiter. Mehr Informationen unter czernys-kuestenbrauerei.de/kuestendestillerie

**Gut Wulfsdorf**
Bornkampsweg 39, 22926 Ahrensburg
Das Bio-Gut baut auf 5 ha Grünkohl an. Darunter alte Sorten wie Lerchenzunge aber auch Westländer Winter, Hoher Roter Krauser und der Schwarzkohl Nero di Toscana.
Mehr Informationen unter gutwulfsdorf.de

**Erdbeerparadies Braderup**
Terpwai 17, 25996 Wenningstedt-Braderup/Sylt
Telefon 04651 44369
Nicht nur die Erdbeeren der Familie Vollquardsen sind eine Wucht. Der Hofladen ist dienstags und freitags von 10 bis 17 Uhr geöffnet. In der Grünkohlsaison gibt es sonnabends einen Stand auf dem Wochenmarkt in Westerland.

**Landschlachterei Burmeister GmbH & Co. KG**
Westermarkt 3, 25884 Viöl
Telefon 04843 1301
Die Familie Burmeister im nordfriesischen Viöl bewirtschaftet den Betrieb in vierter Generation. Bei ihnen wird ehrbares und genussvolles Fleischerhandwerk von Feinsten praktiziert. Zum Grünkohl gibt es in der Saison alles, was zu einem schönen Holsteiner Grünkohl dazugehört.

## Events und Ausflugstipps

**Kohltourhauptstadt Oldenburg** Alle Informationen zu Grünkohlfestivitäten, Rezepten, Ausflügen und Kohlfahrten finden sich auf der Tourismus-Seite der Stadt zum Thema Grünkohl: kohltourhauptstadt.de/olden burg

**Grünkohlführungen durch den Botanischen Garten der Uni Oldenburg** uol.de/botgarten

**MS Günther – Eventschiff**
Hafenweg 26, 48155 Münster
Die schwimmende Eventlocation bietet in der Saison Grünkohl und maritimes Flair an. Auf der Fahrt gibt es Grünkohl, Bier und oftmals Shantys. Mehr Informationen unter ms-guenther.de

## Grünkohltipps: Gastronomie

Unsere im Buch mit ihren Rezepten vertretenen Köchinnen und Köche (Seite 155 und 156) sind immer eine Reise wert. Man sollte sich nur vorher erkundigen, ob sie gerade Grünkohl auf der Karte haben. Im gesamten norddeutschen Raum bietet die (deutsche) Gastronomie während der Saison Grünkohl an. Hier einige besonders empfehlenswerte gastronomische Grünkohladressen:

### Bremen

**Bremer Ratskeller**
Am Markt, 28195 Bremen
Im Keller der Bremer Institution – ein UNESCO-Welterbe – wird klassischer Bremer Grünkohl in guter Qualität angeboten
Mehr Informationen unter ratskeller-bremen.de

**Grothenns Gasthaus**
Arberger Heerstraße 101, 28307 Bremen
Traditionelles, gutbürgerliches Lokal mit 100 Jahren Gastlichkeitsgeschichte. Im Winter finden hier regelmäßig Events zum Grünkohl statt.
Mehr Informationen unter grothenns.de

### Hamburg

**Oberhafen-Kantine**
Stockmeyerstraße 39, 20457 Hamburg
Beliebtes kleines Lokal am Hamburger Oberhafen. Typisch-Hamburgische Gerichte wie Grünkohl, Labskaus und Backfisch stehen auf der Karte. Reservierungen unter Telefon 040 32809984 oder online unter oberhafenkantine-hamburg.de

**Ratsherrn Brauerei GmbH**

Lagerstraße 30a, 20357 Hamburg
Bei Ratsherrn gibt es nicht nur hervorragendes regionales Bier – in den Gastronomien (z. B. Altes Mädchen in der Sternschanze) wird während der Saison Grünkohl serviert. Dazu gibt es, weil die Inhaber der Brauerei aus dem Oldenburger Raum stammen, Pinkel.
Mehr Informationen unter ratsherrn.de

**Watergate**

Bei den St. Pauli-Landungsbrücken 8, 20359 Hamburg (St. Pauli)
Das Restaurant liegt auf dem schwimmenden Ponton an den Landungsbrücken. Im Winter gibt es ein dreigängiges Grünkohlmenü mit Suppe, Grünkohl mit Mett- und Bratwurst, Schweinebacke, Kassler und hausgemachten Bratkartoffeln und Apfelkuchen als Dessert. Reservierungen online unter watergate-hamburg.com oder unter 040 31761003.

## Mecklenburg-Vorpommern

**Ostseehotel Waldschlösschen Prerow**

Bernsteinweg 9, 18375 Prerow
Nur vier Minuten vom Ostseestrand entfernt kann hier nach einem Winterspaziergang hervorragender Grünkohl gegessen werden.
Mehr Informationen unter waldschloesschen-prerow.de

**Restaurant CarLo615**

Warnowufer 61, 18057 Hansestadt Rostock
Am Stadthafen gelegen, ist es der Treffpunkt der hanseatischen Grünkohlfans in Rostock und bietet zur Saison deftige Grünkohlessen. Dazu gehört die Mecklenburger Spezialität »Kloppschinken«. Scheiben von geräucherten Schweineschinken werden erst etwas weich »gekloppt«, dann in Eigelb gewendet und dann paniert und in einer Pfanne ausgebraten.
Mehr Informationen unter carlo615.de

## Niedersachsen

**Bümmersteder Krug**

Sandkruger Straße 180, 26133 Oldenburg

Familiengeführter Gasthof in Oldenburg. Er liefert den Grünkohl für das jährliche »Ollnborger Gröönkohl Äten« in Berlin. Im Zuge der traditionellen Kohlfahrten finden zur Saison regelmäßig Kohlbälle im Krug statt. Mehr Informationen unter www.buemmersteder-krug.de

**Restaurant Bullerjahn**

Speise- und Schankwirtschaft im Ratskeller

Göttingen Markt 9, 37073 Göttingen

Das Bullerjahn im Ratskeller Göttingen bietet Klassiker der deutschen und regionalen Küche inklusive Grünkohl in guter Qualität.
Mehr Informationen unter bullerjahn.de

**Landgasthaus Lockemann**

Im Beeke 1, 37075 Göttingen-Herberhausen

Haus mit langer Tradition und bester regionaler Küche. Familien und Freundeskreise wandern im Winter nach Herberhausen und belohnen sich mit einer Portion Grünkohl.
Mehr Informationen unter landgasthaus-lockemann.de

**Gasthof Zur Linde (Meyer-Bierden)**

Grüne Straße 3, 28832 Achim

Telefon 04202 2364

Auch hier finden neben dem À-la-carte-Geschäft zur Grünkohlsaison regelmäßig Kohlbälle statt – eine beliebte Destination für Kohlfahrten.
Mehr Informationen unter meyer-bierden.de

**Restaurant Ollaanner Buurhus im Hotel Altes Land**

Schützenhofstraße 16, 21635 Jork

Grünkohlbuffet mit alten Sorten vom Museumsbauernhof Wennerstorf sowie traditionellen und modernen Gerichten. Von Slow Food empfohlen. Mehr Informationen unter hotel-altes-land.de/restaurant

## Nordrhein-Westfalen

### Altes Gasthaus Leve

Alter Steinweg 37, 48143 Münster

Ältestes Gasthaus Münsters, das bekannt für seinen hervorragenden klassischen Grünkohl ist. Reservierungen unter 0251 45595.

### Jan's Restaurant im Detmolder Hof

Lange Straße 19, 32756 Detmold

Junge Sterneküche von Jan Diekjobst, bei der klassische Gerichte unter Verwendung regionaler Produkte modern interpretiert werden. Auch Grünkohl wird saisonal gerne serviert.

Das aktuelle Menü ist jandiekjobst.de einsehbar.

## Schleswig-Holstein

### Alt Wyk auf Föhr

Große Straße 4, 25938 Wyk auf Föhr

Sterne-Koch René Dittrich zaubert in seinem Restaurant anlässlich des Biikebrennens ein verfeinertes Grünkohl-Menü. Reservierung unter 04681 3212 oder online auf alt-wyk.de

### Bärenkrug, Molfsee

Hamburger Chaussee 10, 24113 Molfsee

baerenkrug.de

Feiner Landgasthof vor den Toren Kiels. Hier stimmt die Qualität auch beim traditionellen Grünkohl und die Karte offeriert immer mal wieder besondere und moderne Varianten.

### Gutsküche Wulksfelde

Wulksdorfer Damm 15, 22889 Tangstedt

Innovativ-nachhaltige Bio-Küche auf dem Bio-Bauernhof. Johannes Gfrörer kocht mit Fleisch-, Milch- und Gemüseerzeugnissen aus eigenem Anbau. Eine Hofbäckerei und ein Bio-Hofladen runden das Angebot vor den Toren ab. Mehr Informationen unter gutskueche.de

**Schankwirtschaft Wilhelm Andresen**
Katingsiel 4, 25832 Tönning
Die Schankwirtschaft Wilhelm Andresen, ein Jahrhunderte altes, denkmalgeschütztes Haus mit original Delfter Fliesen, ist der Vorzeigetyp eines urgemütlichen Friesenhauses. Familie Andersen serviert hausgebackene Kuchen und typische Gerichte der Region – hervorragender Grünkohl inklusive.
Mehr Informationen unter schankwirtschaft-andresen.de

**Schiffergesellschaft**
Breite Straße 2, 23552 Lübeck
500 Jahres altes Traditionshaus in Lübeck. Hier wird die ganze Saison über klassischer Holsteiner Grünkohl in guter Qualität angeboten.
Mehr Informationen unter schiffergesellschaft.de

## Die Köchinnen und Köche im Buch

**Norbert Bosse**
Berater für kulinarische Events
Initiative »So schmeckt Mecklenburg-Vorpommern«
norbertbosse.de

**Mario Büsch**
Fien tu Huus Pelzerhaken
Strandallee 14
23730 Neustadt in Holstein
fientuhuus.de

**Quirin Brundobler**
Das Grace im Hotel Das James
Fördepromenade 30
24944 Flensburg
dasjames.com

**Malte Ibbeken**
Die Geschmacksträger – Catering & Kaiserküche – Restaurant
Kaiserstraße 18–20
26122 Oldenburg
kaiserkueche-ol.de

**Sebastian Junge**
Restaurant Wolfs Junge
Zimmerstraße 30
22085 Hamburg
wolfs-junge.de

**Zora Klipp**
Weidenkantine
Weidenallee 61
20357 Hamburg
zoraklipp.de

**Bernd Ratjen**
Landgasthof Zur Erholung
Mühlenstraße 56
25436 Uetersen
zur-erholung-uetersen.de

**Bernd Scholz**
Scholzens Lindenkrug
Friedensstraße 1
19288 Ludwigslust
scholz-lindenkrug.de

**Jochen Strehler**
Restaurant Gildepark
Hasseldieksdammer Weg 89
24114 Kiel
gildepark.de

**Hendrik Kleist**
Restaurant Unewatt by Hendrik
Unewatter Straße 8
24977 Langballig
restaurant-unewatt.de

**Thomas Martin**
Jacobs Restaurant, Weinwirtschaft
Kleines Jacob
Elbchaussee 401–403
22609 Hamburg
hotel-jacob.de

**Thomas Sampl**
Hobenköök Restaurant und
Markthalle
Stockmeyerstraße 43
20457 Hamburg
hobenkoeoek.de

**Barbara Stadler**
Die Kastanie
Restaurant, Catering, Theater-
menüs, Feiern, Veranstaltungen
Hollen 30
27327 Martfeld
diekastanie.de

**Internetquellen**

S. 12: Beliebtheit von Grünkohl. Statistik: https://de.statista.com/statistik/daten/studie/1278975/umfrage/beliebtheit-von-gruenkohl

S. 15: Bremer Eiswette: https://www.vorwachs.de/app/download/5294576/Eiswette-Geschichte.pdf

S. 17: Grühnkohl-Akademie: www.kohltourhauptstadt.de/gruenkohl-akademie

S. 21: NYT Cooking. Der Kochblog der New York Times. cooking.nytimes.com

S. 76: Bregenwurst: https://www.ndr.de/ratgeber/kochen/rezepte/rezeptdb124_zid-1084.html

S. 77: Artikel der Berliner Morgenpost zu Kassler: https://www.morgenpost.de/printarchiv/magazin/article103086027/Kassler-ein-Berliner-Klassiker.html

S. 80: Edgar Wilkening, wineroom: https://wineroom.de/gruenkohl-und-wein-geht-das-eine-foodpairing-mutprobe

**Literaturtipp:**

Carina Seppelt: Grünkohl neu entdeckt. Köstliche Rezepte mit dem Superfood. Thorbecke 2016.

Christoph Hahn: Die Vielfalt des Grünkohls – Warum Grünkohl nicht gleich Grünkohl ist. Kulturland Oldenburg 175: 2–3. oldenburgische-landschaft.de/uploads/files/175_2018_1.pdf

Karin Iden: Das Grünkohl Revival. 40 kreative Kale Rezepte. av Buch 2015.

Karl-Heinz Bonk: Grünkohl-Zeit: Vom grünen/braunen Kohl, der Kohlfahrt und einem himmlischen Essen. Isensee Florian GmbH 2003

Martin Westphal: Kohl- & Pinkelfahrten. Waxmann 1998. Kurzweilige Kulturgeschichte der Kohl- und Pinkelfahrten und ihre Hintergründe.

**Weitere Informationen** zur Grünkohlforschung an der Universität Oldenburg von Dr. Christoph Hahn: uol.de/plant-evol/gruenkohlforschung

## Abbildungsverzeichnis

**Alle Illustrationen von Till Lenecke**


Seite 8: © Christoph Hahn
Seite 18: © ÖNB
Seite 24: © floerio/pixabay
Seite 27: © Ratsherrn
Seite 28 & 29: © Ratsherrn
Seite 31: © Klaus Fittschen / MEDIA pictures
Seite 32: © Café Klinge
Seite 33: © Peter Kreier / Oldenburg Tourismus
Seite 36: © Freilichtmuseum Detmold
Seite 39: Aus dem Kräuterbuch von Leonhart Fuchs von 1543
Seite 40: © Christina Dick
Seite 43: © Reinhard Lühring
Seite 46 © Privat
Seite 47: © Reinhard Lühring
Seite 50, links: © Freilichtmuseum Detmold; rechts: © gemeinfrei
Seite 52: © Geo Lightspeed / Wiki Commons; Lizenz: CC BY-Sa 4.0
Seite 52: © Gabriele Haefs
Seite 54: © Rainer Cordes
Seite 57: © gemeinfrei
Seite 62: © Norbert Bosse
Seite 67: © gemeinfrei
Seite 68: © Claudia Timmann
Seite 70: © Kaiserküche
Seite 73: © gemeinfrei
Seite 74: © Zur Erholung
Seite 77: © FEINHEIMISCH Magazin Fien tu Hus
Seite 79: © Das James
Seite 80: © Die Kastanie
Seite 83: © DSR Hotel Holding
Seite 84: © Thomas Martin
Seite 86: © Magulski
Seite 89 & 93: © Lena Pfetzer
Seite 94: © Wolfs Junge
Seite 98: © Privat
Seite 101: © Rainer Cordes
Seite 105: © Gildepark
Seite 108: © Darja Schneider
Seite 109: © Hobenköök
Seite 113 / 117 / 118 / 121 / 123 / 126: © gemeinfrei
Seite 133 & 134: © Flensburger Brauerei
Seite 137: © Piekfeine Brände
Seite 138: © Alte Burg Gin
Seite 139: © gemeinfrei
Seite 141 & 142: © Helbing / Borco
Seite 143, oben: © Thomas Eisenkrätzer; unten: © Privat
Seite 144: © BMP

KJM Buchverlag

# Weitere Bücher aus der Edition Nordische Esskultur

Jens Mecklenburg und Gabriele Haefs
**Mythos Labskaus**
*Tradition, Porträts und Rezepte*
*Eine kulinarische Kulturgeschichte*
Mit Illustrationen von Till Lenecke
Erzählendes Sachbuch
144 Seiten, 17 x 24 cm, Softcover
20,00 € (D), ISBN 978-3-96194-113-1

Jens Mecklenburg (Hrsg.)
**So trinkt der Norden**
*Die besten Brauer & Brenner*
*Eine kulinarische Kulturgeschichte*
Mit Illustrationen von Till Lenecke
Erzählendes Sachbuch
248 Seiten, 17 x 24 cm, Softcover
22,00 € (D), ISBN 978-3-96194-138-4

www.kjm-buchverlag.de